PLZ
LET'S WIN!
GO!
YES!
PEAC

PLZ
LET'S WIN!
LET'S GO!
백신
GO!
YES!

구해줘 카카오프렌즈 과학 ③

글 장성규(장풍) 그림 도니패밀리 스토리 강민희

머리말

과학을 사랑하는 장풍쌤이 풍마니들에게

여러분, 안녕~ 장풍쌤이에요. 반가워요.
*풍마니*가 누구냐고요?
바로 일상생활 속에서 과학 현상에 대한 호기심을 해결하기 위해 끊임없이 연구하고
엉뚱한 상상도 마다하지 않는 여러분을 부르는 쌤만의 애칭이랍니다.

쌤이 누군지 잘 모르는 친구들을 위해 간단하게 소개를 해볼게요.
쌤은 과학을 아주 좋아하고 사랑해서 19년 동안 중·고등학생들에게 과학 강의를 하고 있어요.
어떻게 어려운 과학을 좋아하고 사랑하게 되었는지 궁금하지 않나요?

과학은 생활 속 현상들을 체계화 한 것이기 때문에 가장 재미있게 공부할 수 있는
과목이에요. 하지만 시험을 위한 공부만 하다 보면 당연히 어렵고 하기 싫을 수밖에 없죠.
그래서 쌤은 교과서에 있는 내용을 일상생활에 접목시키며 이해하고 공부했답니다.
또, 어려운 과학 용어와 개념을 재미있는 스토리를 통해 접한다면 더 이상 과학이
딱딱하고 재미없게 느껴지지 않을 거예요.

풍마니들도 쌤처럼 과학과 좀 더 친해질 수 있도록 카카오프렌즈와 함께
쌤의 부캐인 *나잘나 박사*를 지구 지킴이 요원으로 발탁했어요.
찌린 가스의 괴롭힘으로 일을 멈춘 지구를 구하기 위해 과학 개념을 공부하며
미션을 완료해 보세요.
책에 나오는 과학 이론과 설명은 모두 중·고등학교 과학의 기초가 되는 내용으로
읽다보면 어느새 과학 지식이 한 뼘 더 자라있을 거예요.
또, 어려운 개념은 장풍쌤만의 QR 동영상 강의를 통해 더 쉽게 이해할 수 있도록 했답니다.
어때요? 재미있을 것 같지 않나요?

열심히 하는 사람은 즐기는 사람을 이길 수 없답니다.
과학을 좀 더 즐길 줄 아는 우리 풍마니들을 위해 카카오프렌즈와 함께 장풍쌤이 응원할게요.
과학을 즐겨 봅시다! 이 책을 읽는 모든 풍마니들 파이팅!

사랑스러운 풍마니를 생각하며
-장풍쌤-

물음표?가 느낌표!가 되는

과학 교과 연계표

감기와 독감은 뭐가 다른가요?	**초5-1** 다양한 생물과 우리 생활	**중1** 생물의 다양성
바이러스는 어떻게 예방할 수 있죠?	**초5-1** 다양한 생물과 우리 생활	**중1** 생물의 다양성
황사랑 미세먼지는 뭐가 다른 거죠?	**초5-2** 날씨와 우리 생활	**중2** 재해·재난과 안전
태풍은 우리에게 피해만 주나요?	**초5-2** 날씨와 우리 생활	**중2** 기권과 날씨
태풍의 이름은 누가 지어주나요?	**초5-2** 날씨와 우리 생활	**중2** 기권과 날씨
지진이 일어나는 이유는 뭔가요?	**초4-2** 화산과 지진	**중1** 지권의 변화
지진의 세기를 표현하는 방법이 있다고요?	**초4-2** 화산과 지진	**중1** 지권의 변화
화산이 폭발하면 온천이 생기나요?	**초4-2** 화산과 지진	**중1** 지권의 변화
비가 한 곳에만 집중적으로 내린다고요?	**초5-2** 날씨와 우리 생활	**중2** 기권과 날씨
여름에 하늘에서 얼음 덩어리가 내린다고요?	**초5-2** 날씨와 우리 생활	**중2** 기권과 날씨
곰팡이가 생긴 음식을 먹어도 되나요?	**초5-1** 다양한 생물과 우리 생활	**중1** 생물의 다양성
식중독은 왜 걸리나요?	**초5-1** 다양한 생물과 우리 생활	**중2** 재해·재난과 안전

카카오프렌즈

라이언

갈기가 없는 것이 콤플렉스인 수사자

큰 덩치와 무뚝뚝한 표정으로 오해를 많이 사지만,
사실 누구보다도 여리고 섬세한
소녀감성을 지닌 반전 매력의 소유자!
원래 아프리카 둥둥섬의 왕위 계승자였으나,
자유로운 삶을 동경해 탈출!
카카오프렌즈의 든든한 조언자 역할을 맡고 있습니다.
꼬리가 길면 잡히기 때문에, 꼬리가 짧습니다.

어피치

복숭아 나무에서 탈출한 악동 복숭아

유전자 변이로 자웅동주가 된 것을 알고
복숭아 나무에서 탈출한 악동 복숭아 어피치!
섹시한 뒷태로 사람들을 매혹시키며,
성격이 매우 급하고 과격합니다.

무지&콘

토끼 옷을 입은 단무지인 무지와 정체불명 콘

호기심 많은 장난꾸러기 무지의 정체는
사실 토끼 옷을 입은 단무지!
토끼 옷을 벗으면 부끄러움을 많이 탑니다.
단무지를 키워 무지를 만든 정체불명의 악어 콘!
이제는 복숭아를 키우고 싶어
어피치를 찾아 다닙니다.

프로도&네오

부잣집 도시개 프로도와 패셔니스타 네오

프로도와 네오는 카카오프렌즈 공식 커플로
알콩달콩 깨볶는 중!
부잣집 도시개 프로도는 사실 잡종.
태생에 대한 콤플렉스가 많습니다.
자기 자신을 가장 사랑하는 새침한 고양이 네오.
쇼핑을 좋아하는 이 구역의 대표 패셔니스타입니다.
하지만 도도한 자신감의 근원이
단발머리 '가발'에서 나온다는 건 비밀!

튜브

겁 많고 마음 약한 오리 튜브

겁 많고 마음 약한 오리 튜브는
극도의 공포를 느끼면 미친 오리로 변신합니다.
작은 발이 콤플렉스이기 때문에
큰 오리발을 착용합니다.
미운 오리 새끼가 먼 친척입니다.

제이지

힙합을 사랑하는 자유로운 영혼

땅속 나라 고향에 대한 향수병이 있는
비밀요원 제이지!
사명의식이 투철하여 냉철해보이고 싶으나,
실은 어리버리합니다.
겉모습과 달리 알고보면 외로움을
많이 타는 여린 감수성의 소유자.
힙합 가수 Jay-Z의 열혈팬입니다.

출동 대작전

나잘나 박사

과학을 사랑하고 카카오프렌즈를 사랑하는 열정남.
최신 유행에 맞게 백발에서 짧은 머리로 변신했어요.
카카오프렌즈와 함께 지구를 구하러 출동한답니다.
시그니처인 풍딱지를 항상 가지고 다니며, 장풍을 쏘듯 날려 카카오프렌즈를 도와줘요.

아끼는 보물	풍딱지, 빨대G
흑역사	개념콩이 나오는 비커의 발명을 실패한 것
최대 관심사	찌린 가스로부터 지구를 구하고 유명해지는 것

찌린 가스

지구가 일을 멈추게 만든 장본인.
우주를 떠다니다가 지구로 날아와 곳곳에서 각종 재난과 재해를 일으키며 살고 있는 가스 덩어리예요. 자기 복제 능력이 뛰어나 점점 더 많은 숫자로 늘고 있어요. 나잘나 박사님의 발명품 빨대G에 빨려 들어가지 않도록 여기저기에 꽁꽁 숨어있답니다.

좋아하는 것	지구 괴롭히기
최종 목표	지구 점령

기술력 자기 복제 위장술 / 천적 빨대G

빨대G

나잘나 박사님의 걸작.
빨대처럼 생긴 호스로 숨어있는 찌린 가스를 찾아 빨아들일 수 있어요. 평소에는 전원이 꺼져있지만 주변에 찌린 가스가 있으면 지잉~ 소리를 내며 반응한답니다.
하지만 뜨거운 열에 매우 약하니 조심히 다뤄야 해요.

기술력 흡입
약점 뜨거운 열

지구 지킴이 작전 일지

사건 발생 지구의 파업으로 도시가 어두워져 초대형 조명을 켜야 함

특명 찌린 가스의 괴롭힘을 받는 지구를 구해라!

해결방법1

지구를 괴롭히는 찌린 가스를 빨대G로 모두 빨아들여 지구가 다시 일을 할 수 있도록 한다.

해결방법2

지구가 일을 멈춘 동안 찌릿 건전지로 초대형 조명을 켜서 도시를 밝힌다. 하지만 찌릿 건전지의 수명은 길지 않으니 계속 에너지를 채워줄 것!

작전

1. 찌린 가스를 모아 화학 반응을 통해 찌릿 에너지로 전환한다.
2. 찌릿 에너지를 원료로 찌릿 건전지를 완성한다.
3. 찌릿 건전지를 전송해 초대형 조명을 켠다.

미션 요원

차례

나잘나 연구소
쿵짝
쿵짝
오예!
쿵쿵쿵
흔들어!
꺄호!
헐...
잠깐
지금 파티 할 때가
아니야.
멈칫!

지구에게 무슨 일이 있나 봐.
헉! 이거 봐
속보
지구 파업 3일째
지구, 더는 일 안 하나….
벌써 3일째라고?
띠용
지구가 왜 잠수탔지?
나야 모르지.
네오, 걱정 마. 난 절대 잠수탈 일 없어.
하뚜♥
끄응
근데, 누구세요?
응?
타닷
설마 나잘나 박사님?

박사님, 백발 아니었어요? 염색한 거였어요?
원래 할아버지인 줄….
화들짝
대박
뭐라고? 나잘나 박사님을 염탐하자고?
박사님이 염력을 쓴다고?
뭐???
나랑 같이 미용실에 다녀왔잖아.
찰랑
이래 봬도 최신 유행 스타일이야~
후훗
팟!
갑자기 어두워졌어!
헉!
악

정전이다!
지구가 잠수를 타서 전기가 나가고 도시가 어둠에 휩싸였군.
골똘
으흐흐
무섭지?
뜨억
버럭
난 어두운 게 제일 싫어!
이러다 연구소가 다 불타겠어.
진정해~
나의 발명품 중에 초대형 조명이 있거든, 이걸 켜서 지구를 환하게 밝히자.
휙 휙
척
삑 삑-
삑

멈춘 지구를 대신해
*임시방편으로 초대형 조명이
지구 주위를 돌게 하는 거야.
팟!

*임시방편 갑작스러운 위기를 간단하게 둘러맞춰 해결함

잠시 후
됐다!
우아!
우와아아

박사님, 멋져요♥
움하하하
그렇지?
내가 제일 멋져!
척

앗!
조명이
깜빡거려요.
깜빡
깜빡

파
앗
?
갸웃
다시 어두워졌어!
초대형 조명의
건전지가 나갔나 봐.
에구구
건전지?
여기 어디에
마지막 남은 건전지가
있었는데….
이것도 아니고,
이것도 아니고.
뒤적
뒤적
찾았다!
짜잔
찌릿 건전지

찌릿 건전지를
전송하면….
두둥!
슈슈슈
다시 밝아졌다!
안심하긴 아직 일러.
파앗
이 건전지로는 얼마 버티지 못할 거야.
지구가 멈춘 이유를 찾아야만 해.
지구
깨톡
1 지구야?
1 지구, 자니?
1 지구야~ 똑똑?
진짜 연락이
안 되네.
1이 안 사라져.
우힝
지구에게
페이스톡을 걸어보자.
띠리리리~

999
999
톡
999
왜 전화 했어?
받았다!
지구야, 무슨 일 있어?
왜 잠수탄 거야?
어두운 거 싫은데.
훌쩍
훌쩍
난 너무 아파!
아무것도 하기 싫고
혼자만의 시간이 필요해!
죽 사다 줄까?
죽은 역시 호박죽이 맛있어!
아플 땐 치킨이지~
헤헤
아프면 주사를 맞아야지.
씰룩
씰룩
카카오프렌즈, 쉿!!
지금 장난칠 때가 아니야!

투덜
투덜
흥! 고작 그런 걸로
상처가 나을 줄 알아?
이것 봐봐!!
촤르르르
콰광!
휘우우웅~
콰지지직!
콜록
콜록

헉
지구야, 미안해….
삐질 삐질
우리가 미처 몰랐어!
그 상처는 뭐야?
?
찌린 가스 때문이야. 찌린 가스가 내 몸 곳곳을 괴롭히고 있어.
쪼양
크크크
괴롭히자
찌린 가스?
오호! 저 가스를 모아 찌릿 에너지로 전환하자. 그럼 찌릿 건전지의 원료로 쓸 수 있을 거야.
찌린 가스
찌릿 에너지
찌릿 건전지
불끈!
우리만 믿어!

찌린 가스를 모아 찌릿 에너지로 바꾸면 찌릿 건전지를 채울 수 있고,
초대형 조명도 계속 켤 수 있어.
찌린 가스를 없애서 지구도 구할 수 있지.
*일석삼조잖아?!
좋아좋아~

*일석삼조 동시에 세 가지 이득을 봄

이게 필요할 거야.
찌린 가스를 빨아들이는 빨대G를 줄게.
스윽
특명! 지구를 구해라!
좋았어!
오예!
꼼짝마, 찌린 가스! 지구는 우리가 지킨다!
지구 지킴이 출동!
GO! GO!

1구역

바이러스

찌린 가스 감지 >>> 출동하세요!

#감기와 독감은 뭐가 다른가요?

#바이러스는 어떻게 예방할 수 있죠?

1구역
2구역
3구역
4구역
5구역
바이러스
감기와 독감은
뭐가 다른가요?
초 5-1 다양한 생물과 우리 생활
중1 생물의 다양성
SOS
찌린 가스 감지
질병
세균

바이러스 구역에서 우리가 잡아야 할 찌린 가스는 몇 개예요?
2개가 감지되고 있어!
1구역으로 GO
슈우웅
쿠웅
헤헤헤헤
완전 멋지다!
빨리 출동해야지.
꺄르르
엣취!!

라이언, 감기 걸렸어?
쿵!
그런가 봐.
훌쩍
얘들아, 준비됐니?
훌쩍
엣취~~!
오잉?
빨대G가 반응하고 있어!
지잉
저기 봐! 라이언 등 뒤에 찌린 가스가 붙어있는데?
깜놀
아까 둥둥호가 착륙할 때 찌린 가스가 들어왔나 봐.
쿵
빨리 내 몸에 붙은 찌린 가스를 없애줘!
으악!
에에엣취
지구 지킴이 출동!
꺄악
와아
후다닥
SOS 찌린 가스 감지

1구역 | 바이러스
미션 요원
어피치
목표 찌린 가스
질병

라이언에게 붙어있던 찌린 가스의 정체가 뭐지?
꼭 찌린 가스를 잡겠어!!
끄응
콜록 콜록
앗!
엣취!!
콜록 콜록
콜록! 콜록!
이럴수가. 여기에 분명 찌린 가스가 숨어있을 거야.
콜록! 콜록!
네오, 등에 찌린 가스가 붙어 있어!
뭐?
뜨악
독감

독감? 감기면 감기지 독감은 뭐야?
그냥 많이 아프면 독감 아니야?
감기와 독감은 모두 감염성 질병에 속한단다.
질병은 몸이 정상적인 기능을 할 수 없는 상태를 말하는데, 크게 감염성 질병과 비감염성 질병으로 나눌 수 있어.
갑자기 칠판이 어디서 나온거야?
나도 몰라.
수군
수군
감기와 독감 둘 다 감염성 질병이면 같은 거 아닌가요?
잘 봐
나의 시그니처인 풍딱지가 설명해 줄 거야.
휙
풍
감기는 200여 가지의 다양한 바이러스가 원인이 되고, 독감은 인플루엔자라는 한 가지 바이러스가 원인이 되는 질병이야.

감염성 질병	비감염성 질병
세균, 바이러스 같은 병원균이 전파되어 일어나는 질병 예 감기, 독감, 노로바이러스, 수두 등	인체 내부 요인에 의해 일어나는 질병 예 아토피 피부염, 알러지성 비염, 고혈압, 당뇨병 등

감기		독감
1년 내내 걸릴 수 있음	특징	겨울에서 봄까지 유행
콧물, *인후통이 서서히 복합적으로 나타남	증상	열이 나고 두통, 근육통이 갑자기 나타남
특정 백신이 없음	백신	백신이 있음

***인후통** 침이나 음식을 삼킬 때 목에 통증이 발생하는 것

앗! 찌린 가스다!!
크크
오예
꼬앙~
피유융
찌린 가스 획득
질병
질병 찌린 가스 제거 성공!
이제 빨대G를
나에게 줘.
분명 질병 찌린 가스를
잡았는데…
난 왜 계속 아프지?
끙끙
한편….
1구역 | 바이러스
미션 요원
콘
목표 찌린 가스
세균
세균 찌린 가스도
찾으러 가자!
아휴, 날이 더운 건지
열이 나는 건지….
다다다다
사람들이
계속 아프네.
아이고, 배야.
이 근처에
찌린 가스가?

식중독 환자가 늘어난 거 같아. 날씨가 더워서 세균이 잘 자라나봐.
끙끙
세균이 잘 자란다고요?
나도 키가 자랐으면 좋겠어.
우아!
감기는 겨울에 더 잘 걸리잖아요. 그럼 감기 세균은 추울 때 잘 자라는 것 아닌가요?
감기는 세균이 아니고 바이러스가 원인이라니까!
세균과 바이러스는 언뜻 보면 같은 것 같지만, 다르단다.
세균은 생물로 분류할 수 있지만, 바이러스는 생물인지 무생물인지 아주 애매하거든.
스스로 에너지를 만들어서 살아있는 걸 생물이라고 하잖아요. 그러니 세균도 생물이죠?
사이다쌤에게 배웠던 것 같아.
날 잊지 않았지?
맞아. 세균은 발효식품을 만드는 등 우리 생활에 도움을 주기도 하고, 질병을 일으키기도 해.
세균아, 이리 와봐.
세균
식중독, 콜레라, 결핵 같은 질병을 세균성 질병이라고 함
→ 백신 개발이 쉬워 예방할 수 있고 치료가 가능하다.
너는 도움을 주는 세균이야? 질병을 일으키는 세균이야?
정체를 밝혀라
케케케
나는 질병을 일으키는 세균이지.

우리를 아프게 하는 찌린 가스를 잡았다!
야호
찌린 가스 획득
세균
이것 봐! 찌린 가스를 모아서 찌릿 에너지가 생겼어.
파팟!
슈우웅
독감을 치료하려면 백신이 필요하다는데, 백신이 뭔가요?
컴퓨터 백신?
컴퓨터 백신처럼 백신은 우리 몸에 질병이 들어오지 못하도록 면역 체계를 미리 만들어 주는 예방약이란다.
끄악
난 우리 몸이 바이러스에 대항할 수 있게 지키는 방어부대야.
백신
어딜 들어와!
예방 주사를 잘 맞아야 해.
주사는 무서워~
네오, 찌린 가스가 옆구리에 숨어있었어!
그래서 계속 아팠구나.
빨리 잡자!

알게 된 개념

질병	① 감염성 질병 : 세균, 바이러스 같은 병원균이 전파되어 일어나는 질병으로 전염성이 있다. ② 비감염성 질병 : 인체 내부 요인에 의해 일어나는 질병으로 전염성이 없다.
세균	생물에 해당하며 스스로 에너지를 만들고, 어디에서나 증식(수가 늘어나는 것)할 수 있다.
백신	우리 몸이 질병에 걸리지 않도록 면역체계를 만들어 주는 것으로 바이러스나 병균이 침투했을 때 대항할 수 있도록 해준다.

백신은 말이야

질병에 대응할 수 있는 면역을 만들어줘

원리

나는 질병을 일으키는 바이러스와 비슷한 *병원체를 몸 안에 미리 주입하는 거야. 그럼 우리 몸은 침입자로부터 몸을 지키기 위해 방어 부대를 만든단다. 이걸 항체를 만든다고 해. 항체가 만들어지면 그 질병에 저항하는 면역이 생기면서 실제 바이러스가 침투하더라도 우리 몸이 대응할 수 있게 되지. 그래서 우리가 독감 예방 주사를 미리 맞는 거야.

*병원체 병의 원인이 되는 미생물

예방 주사

종류

백신이 발견되면서 예방 주사만으로 예방할 수 있는 질병이 많아졌어. 대표적으로 결핵 예방 접종인 BCG가 있지. 결핵이 몸에 퍼지는 것을 막아주는 백신이란다. 또, B형 간염을 예방하는 백신. 디프테리아, 파상풍 등을 예방할 수 있는 DPT 백신. 수두를 예방하는 수두 백신. 독감을 예방할 수 있는 독감 백신 등이 있어.

어딜 들어와!
백신

백신이 있어서
든든해.

투여 방법

우리가 흔히 알고 있는 백신은 주사 형태로 맞는 경우가 많아. 하지만 그 외에도 다양한 형태의 백신 투여 방법이 연구되고 있단다. 뾰족한 주사는 공포심과 거부감을 불러일으키고, 한번 사용하고 버려야 하는 주사 바늘이 대량으로 발생해 환경을 오염하기 때문이야. 입안에 스프레이 형태로 뿌리거나, 피부에 붙이는 패치 형태도 있어.

주사는 무서워~

요즘에는 주사 말고도
다양한 방법으로 백신을
맞을 수 있어.

입에 뿌리는 백신

패치로 붙이는 백신

1구역
2구역
3구역
4구역
5구역
바이러스
바이러스는 어떻게 예방할 수 있죠?
초 5-1 다양한 생물과 우리 생활
중1 생물의 다양성
SOS
찌린 가스 감지
신종 바이러스
찌린 가스, 내가 다 잡겠어!
불끈!
다다다다
배가 살살 아프네….
꾸루루룩
급하다, 급해!
얘들아, 난 화장실 좀 다녀올 테니 너희끼리 찌린 가스를 찾고 있으렴.
헉! 박사님~
다들 마스크를 쓰고 있잖아?
뭐지?
체온 36.7도로 정상이에요. 들어가세요.
삐빅

봤어, 튜브?
끄덕 끄덕
왜 체온을 재고
건물에 들어가지?
손 소독제까지?
오잉?
분명 우리가 찾고 있는
찌린 가스와 관련이 있을 거야.
칙칙
엇
박사님이다!
지잉
지잉
박사님, 찌린 가스는
안 보여요.
찌린 가스는 없는데
거리에서 다들
마스크를 쓰고 다녀요.
카카오프렌즈,
잘 찾고 있니?

마스크?
또 이상한 점은 없었니?
사람들이
손 소독제를
뿌리더라고요.
아참!!
건물에 들어갈 때
체온도 쟀어요!
체온?
분명… 지지직…
바이…러스…가…지지직…
치직―
치지직―
치직―
박사님, 전화가
끊겨서 잘 안 들려요!
지이잉
지이잉
긴급재난문자
국내 신규 확진자 수 증가
뜨억
재난문자가 왔어!
얘들아, 빨리
둥둥호로 돌아와!
마스크를 써야 해!
다급
SOS 찌린 가스 감지

1구역 | 바이러스
미션 요원
라이언
목표 찌린 가스
신종 바이러스

둥둥호 안
왜 마스크를 써야 해요?
재난문자랑 관련이 있나요?
웅기종기
이번 찌린 가스는 호흡기 바이러스인 것 같구나. 전염성이 강해서 마스크를 써서 예방해야 해.
바이러스?
바이러스는 백신으로 치료하면 되잖아요!
바이러스는 ★돌연변이 가능성이 높아서 백신 개발이 어려워.
그것을 알아보자
바이러스의 은밀한 비밀
나잘나 영상으로 보자
우아!
진짜 박사님이 영상 찍으신 거예요?
그럼~
으쓱

★돌연변이 유전자의 변화로 새로운 형태적 특징이 나타나는 것

우다당탕
재밌겠다!
빨리 보자!
좋아요 눌러야지!
크아아아!
비켜!
나도 보고 싶다고!

잠시 후
분명 바이러스가 찌린 가스를 ★숙주 삼아 기생하고 있을 거야.
숙주? 찌린 가스가 숙주나물이 된거야?
띠용
후다닥
내가 숙주나물을 가지고 왔어!
빨대G로 빨아들이자.
척!
뭔소리?
냠냠
이 숙주가 아니야. 다시 공부해. 튜브~
긁적
여기!
찌린 가스다!
나 잡아봐라~
히히
지잉
도망가지롱!
슈웅~
밖으로 나가 버렸어!
빨리 잡아야 해!
마스크를 쓰고 나가야지!
서로 2m 이상 떨어져서 사회적 거리두기를 해야 해.

★숙주 기생 생물에게 영양을 공급하는 생물

사회적 거리두기요?
사람 사이의 접촉을 감소시켜 바이러스 질병의 전파를 늦추기 위한 캠페인이지.
호흡기 바이러스는 침 등으로 감염될 수 있고, 돌연변이를 일으키면 치료 방법이 없는 신종 바이러스가 나타나기 쉽단다. 그래서 예방이 중요해.
마음은 가까이♥
사회적 거리
2M

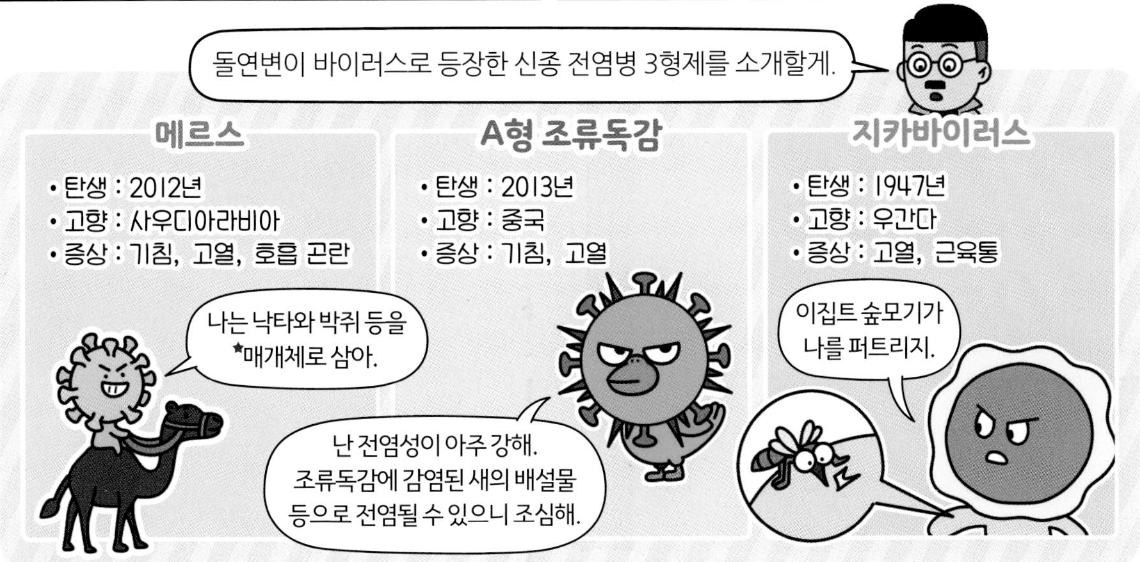
돌연변이 바이러스로 등장한 신종 전염병 3형제를 소개할게.
메르스
• 탄생 : 2012년
• 고향 : 사우디아라비아
• 증상 : 기침, 고열, 호흡 곤란
나는 낙타와 박쥐 등을 ★매개체로 삼아.
A형 조류독감
• 탄생 : 2013년
• 고향 : 중국
• 증상 : 기침, 고열
난 전염성이 아주 강해. 조류독감에 감염된 새의 배설물 등으로 전염될 수 있으니 조심해.
지카바이러스
• 탄생 : 1947년
• 고향 : 우간다
• 증상 : 고열, 근육통
이집트 숲모기가 나를 퍼트리지.

★매개체 병원균이나 기생 생물을 최종 숙주에게 옮기는 중간 숙주와 같은 생물이나 무생물

혼자서는 역부족이야!
얍!
비누 인간
마스크맨
빠샤!
도와줘! 비누 인간! 마스크 맨!!
멋지다!
수욱~
찌린 가스 획득
신종 바이러스

후아! 힘들다!
털썩
으앙~
바이러스에 감염되면 어쩌죠? 바이러스를 예방하는 방법 좀 알려주세요!
멘붕
마스크를 쓰는 방법도 있지만, 가장 중요하고 효과적인 방법은 바로 손 씻기란다.
마스크 착용
흐르는 물에 30초
손 씻기
손 씻기 힘들다면
손 소독제
아하!
바이러스가 유행할 때는 개인위생을 더욱 철저하게 지켜야 하겠군요.
며칠 후
두둥!
마스크 방어막!
비누 방어막!
바이러스로부터 나를 지키자!
나처럼 매일 비누로 깨끗하게 목욕하면 되지.
상쾌해~

알게 된 개념

바이러스 현미경으로 봐야 보일 정도로 크기가 작고 공기나 물 등을 통해서도 쉽게 퍼질 수 있다. 혼자서 살아갈 수 없고 숙주에 붙어 함께 기생한다. 생물과 무생물의 중간 존재로 돌연변이가 생길 가능성이 높아 치료제(백신) 개발이 어렵다.

개인위생 바이러스 감염을 예방할 수 있는 가장 좋은 방법은 손 씻기이다.

올바른 손 씻기 방법

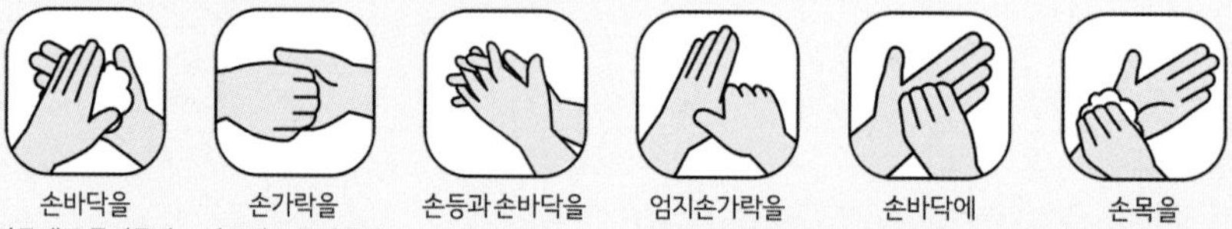

손바닥을 마주대고 문지른다 / 손가락을 마주잡고 문지른다 / 손등과 손바닥을 문지른다 / 엄지손가락을 돌려주며 씻는다 / 손바닥에 손톱 밑을 문지른다 / 손목을 문지르며 씻는다

면역 체계는 말이야

우리 몸속의 잘 훈련된 군대 같아

호흡계

호흡계에는 점액과 아주 작고 부드러운 융털이 있어서 외부에서 들어온 더러운 물질을 걸러내 준단다. 또한, 코 점막에 있는 면역 세포는 바이러스가 들어오면 재채기를 통해 밖으로 빠져나가게 하지.

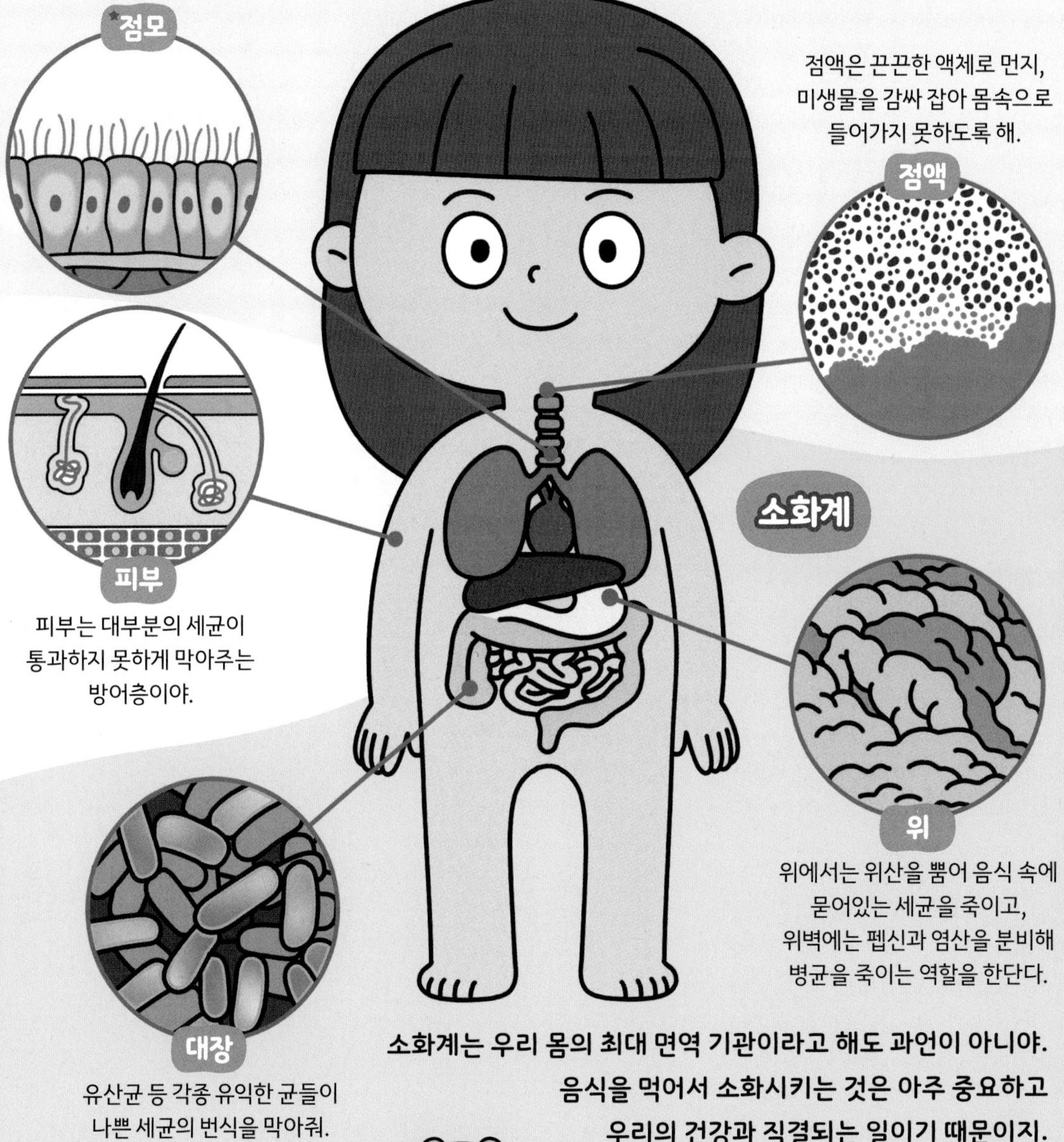

점모는 먼지가 들러붙은 점액을 위로 밀어 올려 몸 밖으로 나갈 수 있도록 도와줘.
*점모
점액은 끈끈한 액체로 먼지, 미생물을 감싸 잡아 몸속으로 들어가지 못하도록 해.
점액
피부
피부는 대부분의 세균이 통과하지 못하게 막아주는 방어층이야.
소화계
위
위에서는 위산을 뿜어 음식 속에 묻어있는 세균을 죽이고, 위벽에는 펩신과 염산을 분비해 병균을 죽이는 역할을 한단다.
대장
유산균 등 각종 유익한 균들이 나쁜 세균의 번식을 막아줘.

소화계는 우리 몸의 최대 면역 기관이라고 해도 과언이 아니야. 음식을 먹어서 소화시키는 것은 아주 중요하고 우리의 건강과 직결되는 일이기 때문이지. 소화계에서 가장 중요한 것은 바로 세균이야. 우리에게 유익한 세균들은 소화계 곳곳에서 해로운 세균이 퍼지는 것을 막아준단다.

우리 몸을 지켜주는 면역 체계가 이렇게 많았다니!

*점모 미세한 털

저요! 저요! 풀어봐요

1 바이러스에 대해 올바르게 설명한 카카오프렌즈는 누구일까요?

정답 스티커

돌연변이가 나타날 수 있어.
바이러스는 혼자서도 살 수 있지.
바이러스도 하나의 생물이야.
우리 눈으로 볼 수 있어.

2 다음 용어의 뜻을 바르게 연결해 보세요.

1 세균 •

2 독감 •

3 백신 •

4 매개체 •

• ㄱ 인플루엔자라는 한 가지 바이러스가 원인이 되는 질병이다.

• ㄴ 살아있으며 어디에서나 증식할 수 있다.

• ㄷ 우리 몸이 질병에 걸리지 않도록 면역 체계를 만들어 주는 것으로 바이러스가 침투했을 때 대응할 수 있다.

• ㄹ 병원균이나 기생 생물을 최종 숙주에게 옮기는 중간 숙주와 같은 생물이나 무생물이다.

 정답은 40쪽에 있어요.

3 질병 중 세균, 바이러스 같은 병원균이 전파되어 일어나는 질병을 찾아 길을 이어보세요.

4 다음 [1]~[4]에 해당하는 용어를 모두 찾아 ○표 해보세요.

1. 병의 원인이 되는 미생물
2. 바이러스를 예방하는 가장 효과적인 방법
3. 특정 백신이 없고, 200여 가지의 다양한 바이러스가 원인이 되는 감염성 질병 중 하나
4. 우리 몸이 질병에 걸리지 않도록 면역 체계를 만들어 주는 것

사	손	수	건
고	병	씻	감
백	원	아	기
신	체	육	리

저요! 저요! 맞춰봐요

궁금증을 해결했는지 한번 확인해 볼까?

정답

1.  튜브
2. [1] — ㄴ, [2] — ㄱ, [3] — ㄷ, [4] — ㄹ
3. ① → ⑤ → ⑨
4. [1] 병원체
   [2] 손 씻기
   [3] 감기
   [4] 백신

2구역

기상 재해

찌린 가스 감지 >>> 출동하세요!

#황사랑 미세먼지는 뭐가 다른 거죠?

#태풍은 우리에게 피해만 주나요?

#태풍의 이름은 누가 지어주나요?

황사랑 미세먼지는 뭐가 다른 거죠?

1구역
2구역
3구역
4구역
5구역
기상 재해
초 5-2 날씨와 우리 생활
중2 재해·재난과 안전
SOS 찌린 가스 감지
황사
미세먼지

2구역은 내가 정찰하고 올게!
꺄양~
프로도가 가면 나도 갈래.
헤헤~
앗!
비가 오네.
어쩔 수 없지. 비가 많이 안 오니까 그냥 맞자.
다다다다
열심히 정찰 중

우리 왔어.
꺄르르
둥둥호 주위에 수상한 건 없더라고!
네오, 머리에 뭐가 묻은 거야?
?
지저분
아니 뭐야!
이게 뭐람???
으악!
황사 찌린 가스가 출몰했어! 거기에 비까지 내리니 황사비가 되었잖아.
황사 찌린 가스요?
부들
부들
뜨억!
감히 내 실크 같은 머리를 망치다니! 황사 찌린 가스, 가만두지 않겠어!!
두둥!
SOS 찌린 가스 감지

2구역 | 기상 재해
미션 요원
네오
목표 찌린 가스
황사

황사비가 그쳐서 다행이야.
이게 뭐지?
스윽
둥둥호 창문도 황사 찌린 가스 때문에 엉망이 됐어.
이것 봐
이 똥색 흙이 황사 가루인가 봐.
황사는 주로 중국이나 몽골의 건조한 사막 지역에서 바람에 날린 모래 먼지가 우리나라까지 날아오는 것을 말해.
황사는 옛날부터 존재했어. 『조선왕조실록』을 보면 황색비가 내려 세상을 놀라게 했다는 기록이 있단다.
큰별쌤♡
조선 시대에도 황사 찌린 가스가 사람들을 괴롭혔단 말이야?
부글 부글

네오의 팩트 체크
황사가 우리에게 어떤 영향을
주는지 알아봐야겠어.
장점
황사가 ★녹조 현상을
줄여줄 수 있대.
황사 속에 섞여 있는
석회(알칼리성) 성분이 산성을
중화시켜 녹조 현상을 없애준대.
스르륵
솨아~
단점
황사 황사
콜록
콜록
황사는 호흡기,
안구 질환과 알레르기를
일으킬 수 있어.

★녹조 현상 날씨가 덥거나 오염 물질로 인해 물속 녹조류와 플랑크톤이 늘어나 물의 표면이 녹색으로 변하는 현상

중화 반응이 궁금하다면 2권 22쪽으로 Go!

찌린 가스,
내 머리를 망친
복수닷!
휘이이잉
으아아앙!
찌린 가스 획득
황사

2구역 | 기상 재해
미션 요원
프로도
목표 찌린 가스
미세먼지

야호!
찌릿 가스 잡고 찌릿 에너지 충전!
키키
저기 봐
횡단보도도 없는데 웬 신호등이지?
오잉?
캬캬캬
그냥 신호등이 아니고 미세먼지 신호등이래.
미세먼지 매우 나쁨!!
미세먼지랑 황사랑 다른 건가? 왜 미세먼지만 특별하게 신호등이 있지?
미세먼지는 크기가 황사보다 작고, 눈에 보이지 않는 중금속 가루와 각종 대기오염 물질이 공기 중에 떠다니는 거야.
풍딱지, 미세먼지와 황사를 알려줘!
휙
풍
미세먼지는 머리카락보다 작은 입자(알갱이)로 우리의 몸속에 침투해 각종 질병을 일으킬 수도 있어. 그러니 미세먼지 신호등이 나쁨을 가리킬 땐 마스크를 쓰고 외출을 자제해야 해.
황사는 봄철에 자주 나타나는 자연적인 현상이야.
미세먼지는 유해 성분으로 구성되어 있고, 계절에 관계없이 발생한대.
입자 크기 비교
황사
미세먼지
*초미세먼지

***초미세먼지** 지름이 2.5㎛ 이하인 먼지로 크기가 매우 작아 호흡할 때 기도에 걸리지 않고 폐까지 깊숙하게 침투할 수 있음

미세 미세!!
어딜 도망가!
으앙~
슈-웅
찌린 가스 획득
미세먼지
미세먼지는 공장이 생기고 산업화가 일어나면서 나타나기 시작했어. 과거에는 볼 수 없었던 새로운 자연재해란다.
심각
미세먼지의 농도를 줄이려면 어떻게 해야하죠?
미세먼지 계절관리제
1. 노후 차량 운행 제한
2. 석탄 발전소 가동 중단 확대
3. 집중 관리 도로 물청소 2회 이상
4. 공장의 미세먼지 불법 배출 감시
척!
우리나라에서는 미세먼지의 농도가 높은 12월부터 다음 해 3월까지 미세먼지 계절관리제를 시행하고 있어.
잠시 후
오잉?
저게 뭐지?
얼레리 꼴레리
박사님 바보
또악
장난꾸러기 어피치!
도망가자~
크크크

알게 된 개념

황사	중국이나 몽골의 건조한 사막 지역에서 바람에 날린 모래 먼지가 날아오는 것으로 주로 봄철에 발생한다.
미세먼지	공기 중에 떠다니는 눈에 보이지 않는 작은 중금속 가루와 대기오염 물질로 계절에 관계없이 발생한다. 산업화로 우리의 생활이 편리해지면서 미세먼지 문제도 함께 증가하였다.
미세먼지 계절관리제	미세먼지의 농도가 높은 12월부터 다음 해 3월까지 시행하는 정책. 노후 차량의 운영을 제한하고, 공장에서 불법으로 배출하는 대기 오염 물질을 집중적으로 감시하며 미세먼지 농도를 줄이기 위한 대책이다.

대기 오염은 말이야 우리가 꼭 해결해야 하는 환경 오염이야

원인

산업과 교통이 발달하면서 공기를 더럽히는 미세먼지, 이산화 황, 일산화 탄소, 질소 산화물 등이 늘어났어. 공장에서 나오는 매연과 자동차가 내뿜는 배기가스에는 대기 오염의 주범인 일산화 탄소와 질소 산화물이 들어있단다.

대기 오염을 어떻게
줄일 수 있지?

또한 도로와 건물을 지을 때 미세먼지가 만들어지는데, 이로 인해 생태계를 위협할 정도로 심각한 대기 오염이 발생하게 되었어. 화산 폭발로 인한 화산재나 모래 먼지 등 자연 환경 때문에 대기가 오염되기도 하지만 산업과 교통의 발달로 사람들의 생활이나 활동에 따라 만들어진 대기 오염보다는 훨씬 적어.

공장의 매연

자동차 배기가스

영향

심각한 대기 오염은 호흡기뿐만 아니라 *뇌졸중과 심혈관 질환의 원인이 되기도 해. 최근 10년간 세계 각국 전문가들의 연구를 분석해보면 대기 오염과 질병과의 인과 관계가 매우 높다고 해.

생각보다
영향력이 높잖아?

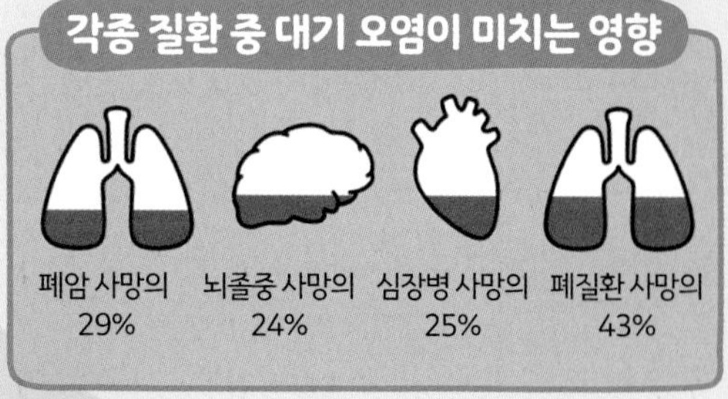

각종 질환 중 대기 오염이 미치는 영향
폐암 사망의 29%
뇌졸중 사망의 24%
심장병 사망의 25%
폐질환 사망의 43%

대책

그렇다면 우리는 대기 오염을 해결하기 위해 무엇을 할 수 있을까? 우리가 지켜야 할 것들을 알아보자.

① 가까운 거리는 대중교통 이용하기
② 석탄 발전은 절반으로 줄이기
③ 사업장 미세먼지 관리를 강화하기
④ 재생 에너지를 확대하기
⑤ 천연 공기 청정기인 도시 공원 확대하기

가까운 곳은 걷거나
자전거를 타고 가자!

***뇌졸중** 뇌에 혈액이 제대로 공급되지 않아 마비, 호흡 곤란 등을 일으키는 것

과학 단톡방

나잘나 박사, 어피치, 네오, 프로도 (4)

네오가 나잘나 박사, 어피치, 프로도를 초대했습니다.

정말 대기 오염이 심각한 것 같아요.

예전엔 이렇게 심각하진 않았던 것 같은데….

생태계가 파괴되면서 동아시아 지역의 사막이 점점 더 늘어나고 있어.

그래서 황사와 먼지도 시간이 갈수록 더 심해지는 거란다.

 # 사막화 현상 …

산업화가 진행되면서 숲을 없애고 도심을 만드는 속도가 더욱 빨라졌다. 그러면서 땅은 더 건조해지고 동식물들이 살 수 없는 땅이 되면서 사막이 점점 더 늘어나고 있다. 사막화 현상은 지구에 황사 현상을 유발시킬 뿐 아니라 지구의 이산화 탄소가 늘어나며 지구 온난화를 가중시키는 주범 중 하나로 손꼽힌다.

헉! 미세먼지에 황사까지! 저희가 실천할 수 있는 예방법은 없을까요?

우리가 할 수 있는 방법 중 하나는 바로 나무 심기야.

나무를 심으면 땅의 사막화를 막을 수 있고, 공기 중의 이산화 탄소를 나무가 빨아들여 대기 오염과 지구 온난화도 막을 수 있지.

그럼 지금 나가서 나무 한 그루 심고 올래! 어피치 나무~

우리가
막을 수 있는
대기 오염

1구역
2구역
3구역
4구역
5구역
기상 재해
태풍은 우리에게 피해만 주나요?
초 5-2 날씨와 우리 생활
중2 기권과 날씨
SOS
찌릿 가스 감지
태풍

다음 목적지는 멀었나?
슈우웅
휘~웅
당황
지금 내가 본 게 자… 자동차?
쿠웅!
흔들
으악!
빙그르르
휘우우웅~
우우우욱!
삐질
삐질
어질
어질

어지러워
하늘과 땅이 뒤집혔어!
튜브, 너 지금 물구나무로 서 있잖아.
우웩
울렁 울렁
깜짝
저기 좀 봐!!
콰광!
콰지지직!
외계인이 지구를 침략했나 봐!
크아악
풉! 태풍 태풍.
후덜덜
태풍이 지나가서 그래. 이번 찌린 가스의 정체는 태풍이야!

2구역 | 기상 재해
미션 요원
튜브
목표 찌린 가스
태풍

태풍이 정확하게 뭐예요?
태풍이 오면 바람이 불고 비가 많이 오던데요?
태풍은 세차게 쏟아지는 비를 동반한 강풍의 자연현상을 말해. 여름철과 초가을 사이에 자주 발생하지.
우히히
앗!
찌린 가스!
둥둥호를 타고 쫓아가자!
GO! GO!
슈우웅
나 잡아봐라.
헤헤
휘이이잉
뚜악
휘이이잉
태풍은 어떻게 생기는 거예요?
궁금
태풍은 지구가 태양으로부터 받은 열의 차이로 발생해.

태풍이 어떻게 만들어지는지 알아보자.
주변보다 기압이 약한 곳에 차가운 공기가 모여드는군요.
따뜻한 열대 바다에서 열과 수증기를 받아 데워진 공기가 위로 올라간다.
열
수증기
빈 공간에 주변의 차가운 공기가 회전하면서 중심 방향으로 점점 더 몰리며 위로 올라간다.
이 과정을 반복하면 거대한 구름 덩어리가 소용돌이치면서 강한 풍속을 갖는 태풍이 된다.
태풍이 점점 더 거세지고 있어요!!
쿵
헉!
쿵
이런, 바람이 잠잠한 태풍의 눈으로 들어가자.
태풍의 눈?
태풍도 눈, 코, 입이 있어요?
풍속이 약하고 기압이 낮다
태풍의 눈
휘오오오
하강하는 건조한 기류
상승하는 습한 공기
태풍은 바람이 시계 반대 방향으로 불며 상승해. 이때 중심은 바람이 불지 않고 맑고 고요한 상태를 유지하는데, 이를 태풍의 눈이라고 부른단다.
휘오오오

고요~
태풍의 눈에 들어오니까 하늘이 맑아졌어.
울먹
잠잠
태풍이 이동하면서 다시 비바람이 불면 어떡해.
안 되겠어. 태풍을 피할 수 있는 방법을 찾아봐야지.
나잘난 박사님 영상 Go!
휘우우웅~
그것을 알아보자
태풍, 모르고 당할 것인가 알고 피할 것인가
진행 방향을 잘 봐야겠어.
좋아요 눌러야지!
좋아요♡
꾹
태풍은 수온이 낮은 해상이나 육지로 이동하면 수증기의 공급이 줄어 세력이 약해지면서 소멸된단다.
점점 작아진다!
태풍 찌린 가스를 잡다니. 튜브, 완전 멋있어♥
힘든 시간이었어.
엄지척
으쓱
찌린 가스 퇴치
태풍

찌린 가스를 잡은 기념으로
우리 좋은 일을 하러 가볼까?
좋은 일?
잠시 후
태풍으로 피해 입은 곳에
도움을 주니 뿌듯해요!
쓱쓱
쓱쓱
저는 태풍은 별로인 거 같아요.
우리 생활에 피해만 주잖아요.
좋은 점도 있어.
태풍은 바다 속에 산소를 공급해주고,
적도의 뜨거운 열을 추운 극지방 쪽으로
옮겨주는 역할을 한단다.
O2
열을 순환시켜
지구의 온도를 적절하게
유지시켜 주는군요!
안녕하세요
박사님~!
드디어 오는군!
깜짝!
찰칵 찰칵
봉사활동을
하신다고요?
못말려~
평소에 어려운 사람들을
돕기 좋아해서 ….

알게 된 개념

태풍	강풍과 비를 동반한 자연현상으로 기압이 주변보다 약한 곳에 공기가 몰려들고 상승하면서 태풍이 발달한다. 주로 여름철과 초가을에 많이 발생한다.
태풍의 좋은점	① 태풍이 일으키는 거센 바람은 바닷물을 위아래로 섞어 산소를 공급하고 플랑크톤이 잘 섞이게 도와준다. 이로써 바다 생물들의 먹이가 풍부해져 생태계가 유지될 수 있다. ② 열을 순환시켜 지구가 온도를 적절하게 유지할 수 있도록 해준다.

태풍은 말이야 지역마다 부르는 이름이 달라

나는 태풍 말고도 사이클론(Cyclone)이라는 이름을 가지고 있어.
내가 인도양이나 남태평양 호주 근처에서 발생하면 사이클론이라고 부른단다.
호주에서는 '윌리윌리(Willy-willy)라고 부르기도 했지만
현재는 기상 용어에서 사라져 사이클론으로 통일해서 부르지.

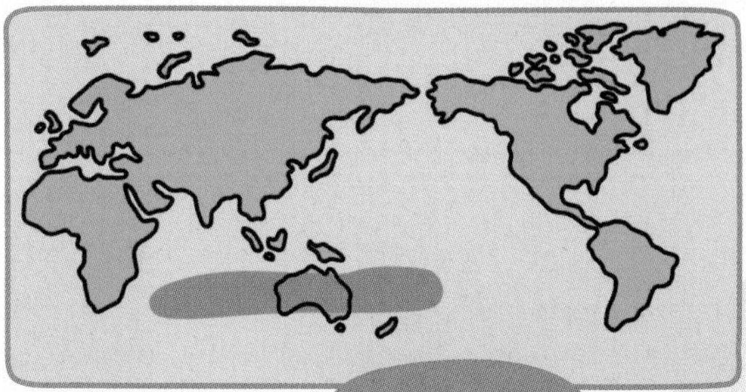

사이클론

토네이도

토네이도(Tornado)는
강력한 바람을 동반한다는 점은
태풍과 같지만 전혀 다른 현상이야.
깔때기 모양을 한 거대한 회오리바람을
토네이도라고 부르는데, 태풍보다 풍속이 훨씬
빠르고 갑자기 생겼다가 짧은 시간 안에 소멸돼.
또 대부분의 태풍은 바다에서 생기지만
토네이도는 넓은 평지에서도 생길 수 있단다.

같은 태풍 현상을 두고
지역마다 부르는 이름이 달라.

태풍

북태평양 근처에서
발생하면 태풍!

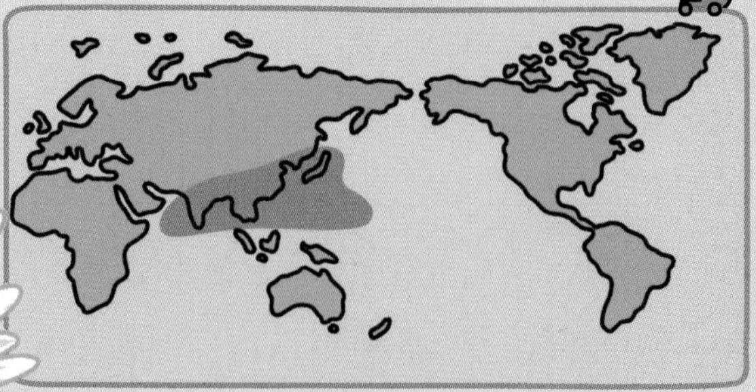

허리케인

태풍이 북대서양, 멕시코 연안에서 발생하면
허리케인(Hurricane)이라고 불러.
바다 위에서 발생해 주로 북아메리카 쪽으로
올라가기 때문에 미국과 캐나다에
집중적으로 피해를 입히지.
중앙아메리카 카리브해의 폭풍의 신이라고
불렸던 '우라칸(Huraca)'에서 이름이
유래했다고 해.

꼬질꼬질 튜브의 과학노트

태풍이 올 때 함께 동반하는 현상

번개

구름과 구름, 구름과 땅 사이에 정전기가 발생하여 엄청난 에너지의 불꽃을 만들어 내는 것을 말한다.

천둥

번개가 칠 때 흐르는 전기 에너지가 공기와 충돌하며 내는 소리이다. 항상 번개가 치고 몇 초 후 천둥이 친다.

벼락

번개와 같은 의미이다. 하늘에서 치는 것을 번개, 땅으로 떨어져 무언가에 맞은 것을 벼락이라고 한다.

벼락의 피해를 줄이기 위해서 높은 건물 위에는 *피뢰침을 설치한다.

***피뢰침** 전기가 잘 통하는 구리로 만든 막대기.
벼락이 치면 전기가 피뢰침을 따라 땅 속으로 흘러가 피해를 입지 않도록 함

천둥, 번개가 칠 때 주의할 점

- 나무가 피뢰침 역할을 할 수 있기 때문에 큰 나무 밑은 피한다.
- 전기가 통하기 쉬운 등산용 스틱, 우산, 골프채 등을 들고 있지 않는다.
- 가까운 실내로 들어가 천둥, 번개가 잦아들 때까지 기다린다.

태풍의 이름은 누가 지어주나요?

1구역
2구역
3구역
4구역
5구역
기상 재해
초 5-2 날씨와 우리 생활
중2 기권과 날씨
SOS
찌린 가스 감지
태풍의 이름

태풍이 지나가니
다시 해가 떴어.
후아
쨍쨍
으아~
아이스크림
먹고 싶어.
삐질
삐질
삐질
더워
나는 콜라.
이글
이글
얘들아, 일어나.
빨리 다음 찌린 가스를
찾으러 가야지.
아이스크림
먹고 싶어요.
너무 더워요.
삐질
삐질
그럼 마트에
가볼까?
뒤적
뒤적

으잉? 이게 뭐지?
불룩
헉!
찌린 가스가 숨어있었잖아!
이거 놔
크크
도망간다!
얘들아, 빨대G를 가져와!
후다다닥
슈웅~
내 이름표!
독수리? 찌린 가스가 독수리처럼 되고 싶은가 봐.
툭!
독수리
독수리라….
우리가 미처 잡지 못한 태풍 찌린 가스의 이름인 것 같구나.
태풍도 이름이 있어요?
누가 이름을 지어주는데요?
SOS 찌린 가스 감지
2구역 | 기상 재해
미션 요원
제이지
목표 찌린 가스
태풍의 이름
태풍 위원회 회원국에서 각각 이름 후보를 제출하고 돌아가며 정하는 거야.
태풍 위원회?
우리나라도 회원국인가요?
슈웅~
이때다!

태풍이 무사히 지나가기를 바라는 마음으로 동·식물 등 자연에서 이름을 많이 따왔다고 해.
우딥 = 나비
마와르 = 장미
두쥐안 = 진달래
큰 피해를 입히거나 발음이 비슷한 이름은 수정한대.
'소나무'는 지진 해일인 '쓰나미'와 발음이 비슷해서 변경되었어.
OUT
IN
종다리
소나무
풍딱지 GO!
우리나라뿐만 아니라 중국, 일본, 홍콩, 라오스, 북한, 미국, 태국 등도 회원국이란다.
태풍 위원회 회원국에는 14개의 회원국이 있어. 나라마다 10개씩 이름을 제출해 140개의 이름을 5개 조로 나누어 순서대로 사용하지.
미국
한국
이름을 제출합시다.
중국
일본
예쁜 이름을 가져왔어요.
태풍 위원회 회원국 모임 중
우리나라에서 제출한 이름은 뭔가요?
개미, 미리내, 노루, 너구리, 고니 등이 있어.
엣헴

태풍의 이름을 짓는
방식이 따로 있었구나.
독수리는 우리나라에서 지은
태풍의 이름이었어.
거기서!
헉!
독수리 타고
독수리 찌린 가스
잡으러 Go!
태풍의 이름
찌린 가스 획득
이제 아이스크림
사러 가요.
콜라가 더
맛있다니까?!!
우와!
간식 대결
아이스크림 VS 콜라
좋아. 태풍 피해 대처 방안에 대해
더 많이 알고 있는 팀이
고른 간식을 먹는 걸로 하자.
아무나 이겨라~
얏!
힝...
얘들아, 진정해

아이스크림 팀
TV, 라디오 및 인터넷(기상청)을 통해 기상 상황을 확인해.
밖에서는 스마트폰을 자제하고 주변을 경계해야 해.
태풍 예보가 있을 때 계곡이나 산에 가면 안 돼.
위험해
콜라 팀
준비를 미리 미리
가족, 친구들과 비상시 연락 방법과 대피장소를 미리 정해야 해.
S·O·S
*침수되거나 고립되면 옥상 등 안전한 곳으로 대피해서 구조를 요청해.

***침수** 물에 잠김

3:2
승리는 아이스크림 팀!
야호!
아이스크림 먹으러 가자~
콜라가 맛있는데.
우힝~
콜라 맛 아이스크림을 먹으면 되지.
헤헤
다다다다

알게 된 개념

태풍의 이름	① 태풍 위원회 회원국(우리나라, 중국, 일본, 홍콩 등 14개 국가)에서 이름 후보를 10개씩 제출한다. ② 140개 이름을 5개조로 나눠 순서대로 사용한다. ③ 우리나라가 제출한 이름 : 개미, 미리내, 노루, 너구리, 고니 등
태풍 피해 대처	① 방송 매체(TV, 라디오) 및 인터넷(기상청)을 통해 기상 상황을 확인한다. ② 밖에 있다면 스마트폰을 자제하고 주변을 경계한다. ③ 태풍 예보가 있을 때 계곡이나 산에 가지 않는다. ④ 가족, 친구들과 비상시 연락 방법과 대피장소를 미리 정한다. ⑤ 침수되거나 고립 시 옥상 등 안전한 곳으로 대피해서 구조를 요청한다.

꼬적꼬적

제이지의 과학노트

지구 온난화가 태풍에 미치는 영향

수증기의 증가

- 수온이 1℃ 올라가면 공기 중 수증기가 많아져 습도가 7% 증가한다.
- 공기 중 수증기는 태풍이 만들어지는 원동력이 된다.
- 수증기가 많을수록 태풍의 강도가 세진다.

바람의 세기

- 지구 온난화로 공기의 온도차가 줄어들면 바람의 세기도 약해진다.
- 바람이 약해지면서 태풍의 이동 속도가 느려지고 한 곳에 오랫동안 머무르면서 강도가 세진다.

기압의 차이

- 공기 중 높아진 수증기는 커다란 적란운을 만든다.
- 적란운이 공기 중에 많은 열을 방출하면서 기압이 떨어진다.
- 태풍의 내부와 외부의 기압 차가 커지면서 강한 태풍이 형성된다.

저요! 저요!
풀어봐요

1 태풍의 구조를 바르게 알고 있는 카카오프렌즈는 누구일까요?

정답 스티커

태풍의 눈에서는 공기가 상승해.
태풍은 추운 지역에서 잘 생겨.
태풍의 눈에서 비가 가장 많이 내려.
풍속이 가장 약한 곳은 태풍의 눈이야.

2 태풍을 만났을 때 올바르게 대처한 카카오프렌즈는 누구일까요?

정답 스티커

태풍 때문에 비가 와도 그냥 맞았어.
태풍 예보가 있어서 계곡에 가지 않았어.
태풍이 와서 친구들을 찾으러 직접 갔어.
태풍이 와서 밖에서 계속 스마트폰으로 뉴스를 확인했어.
LOVE

3 맞는 문장에는 ○, 틀린 문장에는 ×를 써 보세요.

1 미세먼지 농도가 심한 12월부터 다음해 3월까지 미세먼지 계절관리제가 시행된다.

○ ×

2 황사는 최근에 발생한 새로운 자연재해이다.

○ ×

3 태풍이 무사히 지나가길 바라는 마음으로 동·식물, 자연에서 따와 이름을 지었다.

○ ×

 정답은 66쪽에 있어요.

4 미세먼지에 대해 올바르게 설명한 카카오프렌즈와 같은 표정을 찾아보세요.

미세먼지는 몸속에 침투할 수 있어.
미세먼지는 그냥 마셔도 된대.
『조선왕조실록』에 미세먼지에 대한 기록이 있다는데?
미세먼지보다 황사 입자의 크기가 더 작아.

5 다음 1~4에 해당하는 용어를 모두 찾아 ○표 해보세요.

1 중국이나 몽골의 건조한 사막 지역에서 바람에 날린 모래 먼지가 우리나라까지 날아오는 것

2 북대서양, 멕시코 연안에서 발생하는 태풍의 이름

3 날씨가 덥거나 오염물질로 바닷물이나 강의 색이 짙은 녹색으로 보이는 현상

4 태풍은 지구의 열을 ○○시켜 온도를 적절하게 유지할 수 있게 도와줌

녹	조	현	상
황	심	재	순
사	랑	해	환
허	리	케	인

저요! 저요! 맞춰봐요

궁금증을 해결했는지 한번 확인해 볼까?

정답

1  라이언

2  어피치

3 1 ○ 2 × 3 ○

4 1, 12, 25

5 1 황사
2 허리케인
3 녹조 현상
4 순환

3구역

지진

찌린 가스 감지 >>> 출동하세요!

#지진이 일어나는 이유는 뭔가요?

#지진의 세기를 표현하는 방법이 있다고요?

1구역
2구역
3구역
4구역
5구역
지진
지진이 일어나는 이유는 뭔가요?
초 4-2 화산과 지진
중1 지권의 변화
SOS
찌린 가스 감지
지진
액상화 현상

룰루~ 랄라~
꺄르르
흥얼 흥얼
삐-
삐-
삐이-
삐-
⚠ 긴급재난문자
3구역에서 규모 6.0 지진 발생
*여진 대비와 TV 등 재난 방송 청취바랍니다.
3구역에 지진이 일어났대!
헐?

*여진 큰 지진이 일어난 다음 얼마 동안 잇따라 일어나는 작은 규모의 지진

뭐야?
지진?
뜨악
지진이라니….
소문에 지진 찌린 가스는 아주 무섭다고 들었는데.
어떡해

저기 봐.
바닷물이 다 빠졌는데?
오잉?
갯벌이 다 드러났잖아?
고요~
조개 잡으러 Go Go!
지진 찌린 가스가
정말 무서운 거 맞아요?
아무 일도
안 일어나는데요?
얘들아,
지진 찌린 가스의
파괴력은 엄청나!
빨리 3구역으로
가자.
삑-
삑
삑-
저게 뭐지?
뭉게
뭉게
크아아아!
콰광!

3구역 | 지진
미션 요원
무지
목표 찌린 가스
지진

무사 도착!
흔들
흔들
흔들
가만히 있는데 세상이 움직이는 것처럼 보여.
지진이야! 어서 안전한 곳으로 대피하자.
쿠르르르
쿠르르르
으악!
지진은 왜 일어나는 거죠?
지구의 표면은 여러 조각의 판으로 덮여있고, 판들이 움직이는 방향은 각각 달라. 이때 판과 판이 움직이며 지구 내부의 힘이 가해지고 지각이 흔들리며 지진이 발생하는 거란다.
여기있지~
부르르르
부르르르
나무젓가락을 쥐고 부러뜨릴 때, 나무젓가락이 떨리는 것처럼 땅이 흔들리는 것이 지진이군요.

지진을 일으키는 에너지가 발생한
땅 속의 지점을 진원이라고 하고, 진원 바로
위의 지표면과 만나는 지점을 진앙이라고 해.
진앙에서 멀어질수록 지진이 약해지지.
진앙
진원
단층(지각이 외부의 힘으로 쪼개진 것)
잠시 후
이제 좀 잠잠해진 것 같아요.
빨리 찌린 가스를 찾으러 가요.
지진 대피소
저기!
찌린 가스다!!
지진 찌린 가스가
이렇게 쉽게 잡힌다고?
지잉
슈우웅
의아
콰아아아
거대한 파도는
또 뭐야?
모두 높은 곳으로
대피해!
파도가
집채만 하잖아!
후다닥

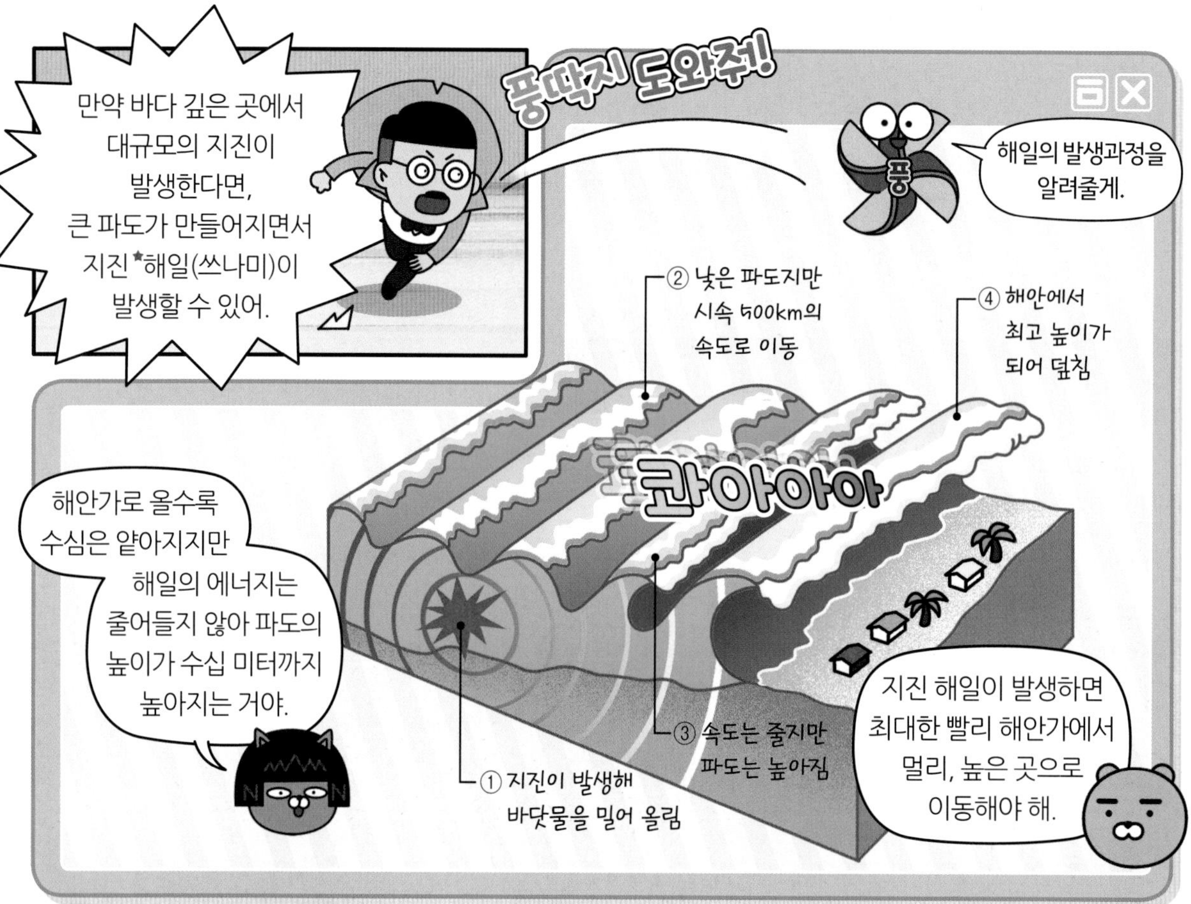

만약 바다 깊은 곳에서 대규모의 지진이 발생한다면, 큰 파도가 만들어지면서 지진 ★해일(쓰나미)이 발생할 수 있어.
풍딱지 도와줘!
해일의 발생과정을 알려줄게.
② 낮은 파도지만 시속 500km의 속도로 이동
④ 해안에서 최고 높이가 되어 덮침
콰아아아
해안가로 올수록 수심은 얕아지지만 해일의 에너지는 줄어들지 않아 파도의 높이가 수십 미터까지 높아지는 거야.
③ 속도는 줄지만 파도는 높아짐
① 지진이 발생해 바닷물을 밀어 올림
지진 해일이 발생하면 최대한 빨리 해안가에서 멀리, 높은 곳으로 이동해야 해.

★해일 해안에 거대한 파도가 밀려오는 현상

위풍당당
파도 위 좀 봐!
찌린 가스! 어딜 도망가!!
싫어! 지구를 더 괴롭힐 거야!
끄앙~
촤아악
찌린 가스 획득
지진
스르르르
파도가 다시 잔잔해졌어.
촤아아아
촤아아아

3구역 | 지진
미션 요원
튜브
목표 찌린 가스
액상화 현상
와아! 무지 최고!!
헤헤
멋쟁이!
아직도 찌린 가스가 남아있나?
지진 찌린 가스는 정말 강력하다.
끄응
오잉?
여기 왜 이래?
늪에 빠진 것 같아!
띠용
땅 아래 사이사이에는 물이 있어. 지진이 일어나면, 물이 땅 위로 솟아오르거나 한쪽으로 쏠리면서 땅이 늪처럼 액체 같은 상태로 변화하는 '액상화 현상'이 나타나기 쉽단다.
모래
물
물 분출 (액상화)
지반 가라 앉음
지진 발생 전
지진 발생
지진 발생 후

땅이 액체처럼 변하면 건물이 다 무너지는 것 아니야?
무서워~
튜브! 용기를 내!
지구를 구해야지~
지잉
지잉
찌린 가스 획득
액상화 현상

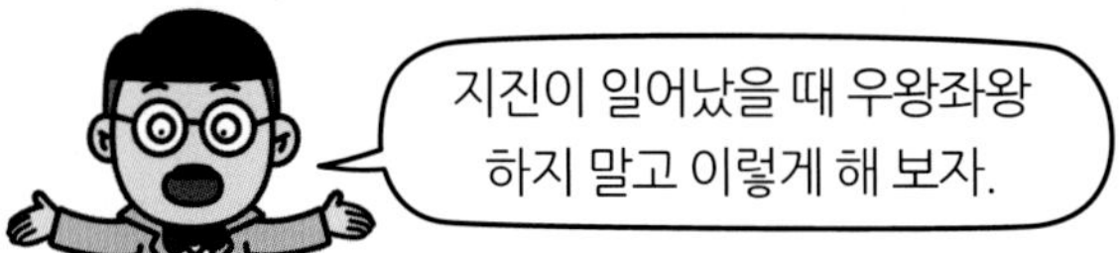
지진이 일어났을 때 우왕좌왕 하지 말고 이렇게 해 보자.

전철을 타고 있을 경우

손잡이를 잡아 넘어지지 않도록 한다.

집 밖에 있을 경우

가방으로 머리를 보호하며 넓은 공간으로 대피한다.

엘리베이터에 있을 경우

엘리베이터를 타고 내려가면 안 돼.

모든 층의 버튼을 눌러 열리는 층에서 내린 후 계단을 이용한다.

학교에 있을 경우

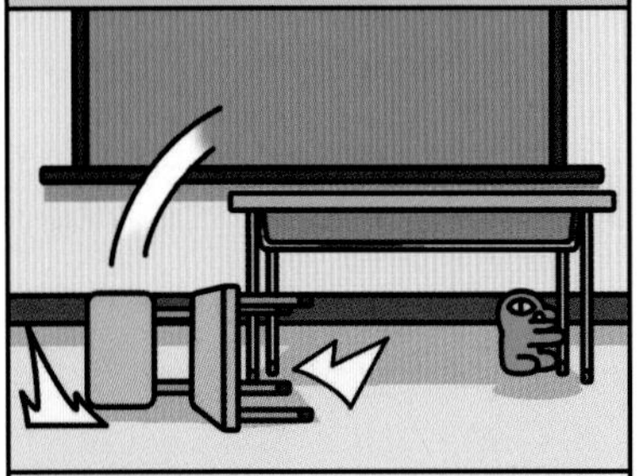

책상 아래로 들어가 책상 다리를 잡는다.

집 안에 있을 경우

탁자 아래로 들어가 몸을 보호한다.

산이나 바다에 있을 경우

높은 곳으로 이동한다.

알게 된 개념

지진	지구 내부의 판과 판이 만나거나 멀어질 때 땅에 힘이 가해지면서 지진이 발생한다.
액상화 현상	지진이 일어나면 땅속 물이 땅 위로 솟아오르거나 한쪽으로 쏠리면서 땅이 액체 같은 상태로 변하는 현상
대처 방법	① 집 안에 있을 경우 : 탁자 아래로 들어가 몸을 보호한다. ② 집 밖에 있을 경우 : 가방으로 머리를 보호하며 넓은 공간으로 대피한다. ③ 엘리베이터에 있을 경우 : 모든 층의 버튼을 눌러 열리는 층에서 내린 후 계단을 이용한다.

지진은 말이야 — 지구 내부에서 발생하는 큰 힘이야

땅속의 변화를 관찰하여 지진을 예측하는 것은 매우 어려운 일이야. 그렇다면 지진은 어떻게 예측할 수 있는 걸까? 지진을 관찰하고 연구하는 사람을 '지진학자'라고 하는데, 지진학자들이 지진 관측소에서 지진계를 통해 지진을 예측한단다.

관측

지진학자는 어떤 일을 하나요?
땅의 움직임을 기록하는 지진계
위성 안테나
지진계의 기록을 수집하는 기계
지진의 횟수를 기록하고, 지진의 원인을 분석하고, 지진을 예측하기도 해.

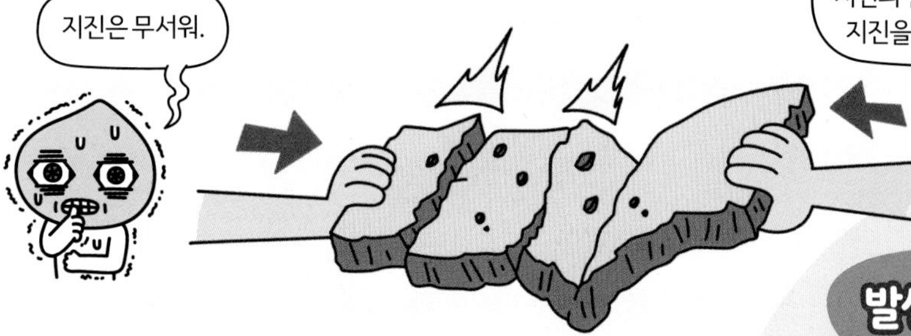

지진은 무서워.

지진계는 지진의 진동을 자동으로 기록하는 기계란다. 지진계에는 수직 지진계와 수평 지진계가 있어. 수직 지진계는 수직으로 움직이지 않는 바늘이 지진의 진동을 기록하는 것이고, 수평 지진계는 수평으로 움직이지 않는 바늘이 지진의 진동을 기록하는 거란다.

수직 지진계
땅의 수직 움직임을 측정하는 기구

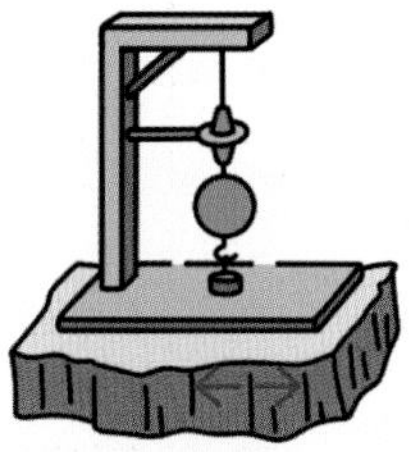

수평 지진계
땅의 수평 움직임을 측정하는 기구

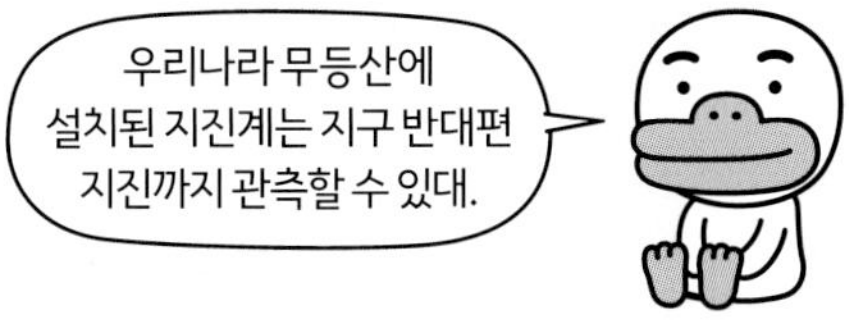

우리나라 무등산에 설치된 지진계는 지구 반대편 지진까지 관측할 수 있대.

발생하는 이유

지구를 반으로 자르면 그 안에는 다양한 물질로 이루어져 있어.

지구 내부의 모습

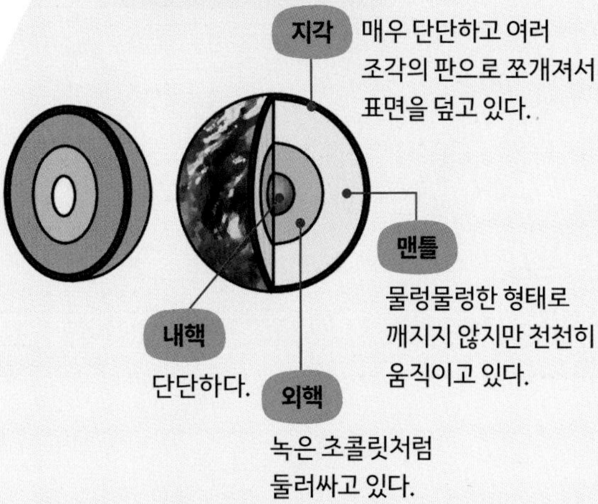

지각 매우 단단하고 여러 조각의 판으로 쪼개져서 표면을 덮고 있다.
맨틀 물렁물렁한 형태로 깨지지 않지만 천천히 움직이고 있다.
내핵 단단하다.
외핵 녹은 초콜릿처럼 둘러싸고 있다.

맨틀은 아주 천천히 움직이고 있어. 그래서 맨틀 위를 덮고 있는 판도 맨틀을 따라 서로 움직이고 부딪히기도 하지. 그러다가 단단한 판이 끊어지면서 지진이 일어나는 거야.

1구역
2구역
3구역
4구역
5구역
지진
지진의 세기를 표현하는 방법이 있다고요?
초 4-2 화산과 지진
중1 지권의 변화
SOS
찌릿 가스 감지
진도 Ⅶ(7)
지진대

제이지는 공부 중
지진의 세기를 나타내는 방법에는 진도와 규모, 2가지가 있다.
다들 모여봐!
내가 지진의 세기를 간접체험 시켜줄게.
팡!
팡!
이건 *진도 Ⅰ(1)이야.
진도 Ⅰ(1)은 많이 안 흔들리는구나.
퐁
퐁
살짝
이건 진도 100이야.
으악~ 어지러워!
진도는 12단계까지 밖에 없어.
팡!
팡!
빙글

*진도 진도별 세기는 로마자 숫자로 표시하는데, 로마자 숫자 Ⅰ, Ⅱ, Ⅲ, Ⅳ, Ⅴ, Ⅵ, Ⅶ, Ⅷ, Ⅸ, Ⅹ, Ⅺ, Ⅻ는 순서대로 1부터 12까지를 의미함

번뜩
진도 100보다 더 큰 지진이 있을까?
후훗
진도 101도 있을 거야.

3구역 진도 Ⅶ(7) 지진 발생!
오잉?
걱정
진도 Ⅶ(7)?
박사님, 제가 진도 Ⅶ(7)을 잘 알아요. 체험시켜드릴게요. 진도 100까지 알고 있어요.
그게 아니야~. 진도는 Ⅻ(12)까지 이고, 진도 100은 없어.
으휴~
SOS 찌릿 가스 감지
3구역 | 지진
미션 요원
프로도
목표 찌릿 가스
진도 Ⅶ (7)
지진이 일어났을 때 사람들이 현장에서 느끼는 지진의 세기를 진도라고 하고, 지진계에 기록된 지진 자체의 에너지 크기를 나타내는 것을 *규모라고 해.
그것을 알아보자
진도 VS 규모
난 미리 공부했지~

***규모** 규모별 세기는 아라비아 숫자(1, 2, 3 …)로 표시함

지진의 진도별 세기

진도 0
느낄 수 없는 정도이다.
진도 I
민감한 사람만 느낄 수 있는 정도이다.
진도 II
보통 사람이 느끼고 전등이 살짝 흔들린다.
진도 III
대부분의 사람이 느끼고 컵에 담긴 물이 진동한다.
진도 IV
자던 사람이 깰 정도이고 집이 심하게 흔들린다.
진도 V
책장에서 책이 떨어지고 벽에 금이 간다.
진도 VI
제대로 서 있지 못할 정도이고 땅이 갈라지기 시작한다.
진도 VII
집과 도로가 크게 파손되고 땅이 갈라지고 솟아오른다.

진도는 세계적으로 통일되어 있지 않고, 나라에 따라 상황에 맞게 채택하여 사용한대.
아하!
진도는 지진을 주관적으로 나타내는 세기이고, 규모는 객관적으로 나타내는 세기라고 해.

지진의 세기를 나타내는 단위가 따로 있다는 걸 처음 알았어.
뽁
근데 제이지 머리에 저게 뭐야?
찌린 가스가 머릿속에 숨어있었잖아?
잡아, 잡아!!
휙
찌린 가스 획득
진도 Ⅶ(7)
3구역 | 지진
미션 요원
제이지
목표 찌린 가스
지진대
뽕이 생명
머리카락 안에 찌린 가스가 숨어있었다니. 전혀 몰랐어.
스윽 스윽
흠...
내가 트램펄린에서 뛰었을 때 세기는 진도 Ⅲ(3)정도였겠지?
답답
글쎄 그게 아니라니까.
빨리와
지진 체험관으로 가보자.
지진체험관

흔들
흔들
으악!
차원이 달라!!
지금 세기가
진도 Ⅳ(4)래.
덜컹!
배운대로
책상 밑에
숨어야지!
뜨억
덜컹!
콘, 고마워. 네 덕분에
정확하게 지진에 대해
체험해볼 수 있었어.
아이고~,
어지러워~~
헤롱
헤롱
뿌듯
지진이 지나갔으니까
이제 3구역에서는 지진이
다시 일어나지 않겠죠?
그렇지 않아.
지진대에 속해있으면
지진은 반복적으로
일어나기도 한단다.
지진대?
난 좀 쉬어야 겠어.
빙글 빙글
풍딱지 GO!

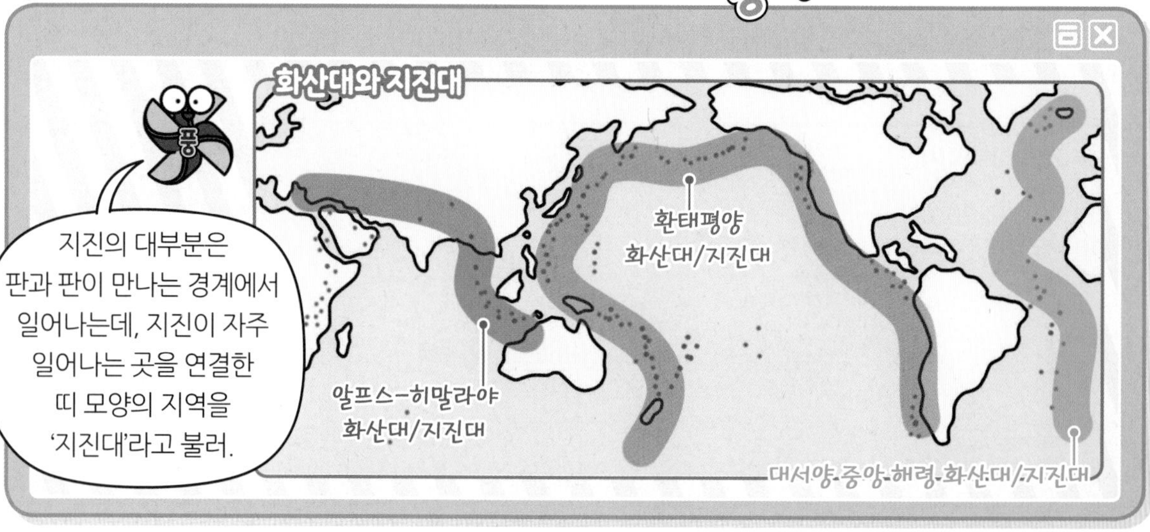

화산대와 지진대
지진의 대부분은
판과 판이 만나는 경계에서
일어나는데, 지진이 자주
일어나는 곳을 연결한
띠 모양의 지역을
'지진대'라고 불러.
환태평양
화산대/지진대
알프스-히말라야
화산대/지진대
대서양 중앙 해령 화산대/지진대

앗! 이거 배웠어
내가 제주도에 갔을 때 화산에 대해 배우면서 같이 공부했던 내용이잖아~
불을 뿜어내는 산이야
지구의 땅은 여러 개의 조각(판)으로 이루어져 있어. 이 판은 지구 내부의 힘에 의해 움직이는데 판과 판이 충돌하거나 서로 겹칠 때마다 *지진이나 화산 활동이 일어나. 그래서 세계적으로 나의 분포는 판과 판 경계 부분에 많아. 특히 나의 지역이 태평양을 빙 둘러 나타나는 곳을 환태평양 조산대라고 부른단다.
지진
화산
판의 경계
분출
화산과 지진이 일어나는 분포는 거의 비슷해.
난 뾰족하고 높이도 높지. 꼭대기에 있는 분화구 보이지?
난 여러 개의 분화구를
판과 판이 만나는 지역은 지각이 약하고 지구 내부의 힘이 집중되기 때문에 지진과 화산이 자주 일어나지.
빼꼼
찌린 가스 잡았다!
지잉
우아!
찌릿 에너지 충전 완료!
지이이잉
찌린 가스 획득
지진대
3구역은 지진이 자주 일어나서 너무 위험한 것 같아요.
지진으로 건물이 무너지면 큰일 나잖아요.
끄덕
걱정 No No!
다 방법이 있지. 지진에 대비해서 내진 설계 건물을 건축한단다.

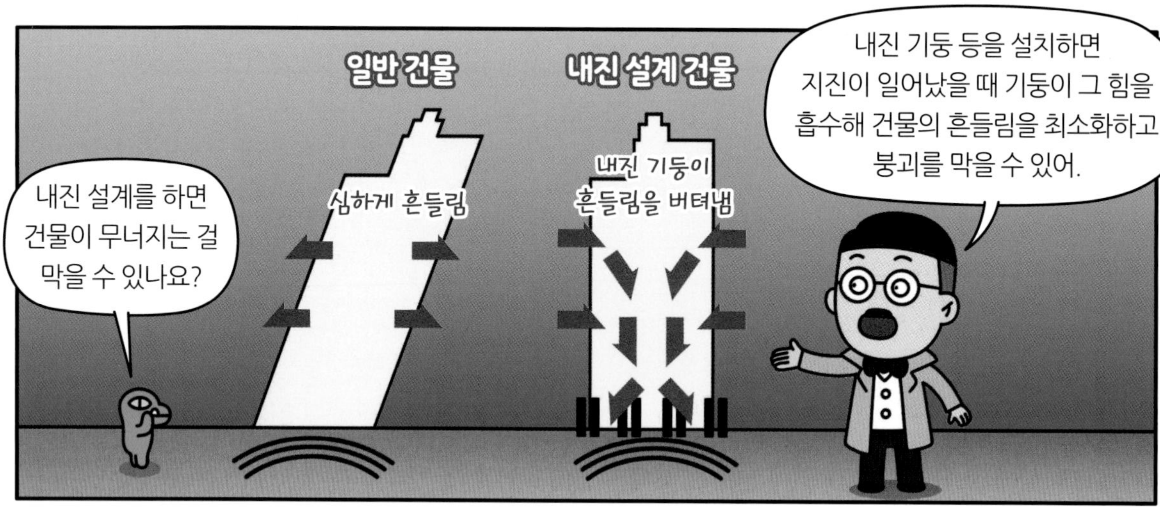
내진 설계를 하면 건물이 무너지는 걸 막을 수 있나요?
일반 건물
심하게 흔들림
내진 설계 건물
내진 기둥이 흔들림을 버텨냄
내진 기둥 등을 설치하면 지진이 일어났을 때 기둥이 그 힘을 흡수해 건물의 흔들림을 최소화하고 붕괴를 막을 수 있어.

높은 건물에는 내진 설계가 필수겠어요!
맞아. 높은 건물은 지진의 피해가 더욱 크기 때문에 내진 설계가 중요하지.
지진이 와도 튼튼!

지진은 언제든지 일어날 수 있으니까 당황하지 않게 배운 걸 잘 기억해야지.
난 트램펄린을 타면서 지진의 흔들림에 적응할래~
다다다

알게 된 개념

지진의 세기	① 진도 : 지진이 일어났을 때 사람들이 현장에서 느끼는 주관적인 지진의 세기 ② 규모 : 지진계에 기록된 지진 자체의 에너지 크기를 객관적으로 나타내는 것
지진대	지진의 대부분은 판과 판이 만나는 부분에서 일어나는데, 지진이 자주 일어나는 곳을 연결한 띠 모양의 지역을 '지진대'라고 부른다.
내진 설계	지진이 일어났을 때 건물이 무너지는 것을 막기 위해 설계하는 것으로 높은 건물은 지진의 피해가 더욱 크기 때문에 특히 내진 설계가 중요하다.

지진파는 말이야

진원으로부터 퍼지는 에너지의 파동이야

P파

P파는 진원에서 나오는 지진파의 진행 방향과 지각의 진동 방향이 같은 방향으로 좌우로 흔들리는 지진파야. 종파라고도 부르지.

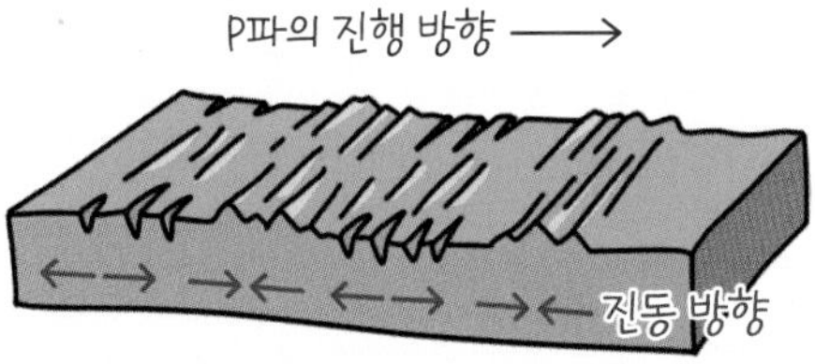

P파의 진행 방향
진동 방향

P파는 속도가 5~8km/s로 전파 속도가 빠르지. 지진파가 진행하는 방향과 지각이 같은 방향으로 흔들리기 때문에 피해는 비교적 작다고 할 수 있어. 또, P파는 고체, 액체, 기체 모두 통과할 수 있어서 맨틀, 외핵, 내핵을 모두 통과할 수 있어.

모래가 든 상자를 좌우로 흔들면 P파가 흔들리는 방향을 알 수 있어.
P파는 액체를 통과할 때 속도가 느려진대.
모래가 많이 튀지 않네.

S파

S파는 진원에서 나오는 지진파의 진행 방향과 지각의 진동 방향이 수직이야. 횡파라고도 불러.

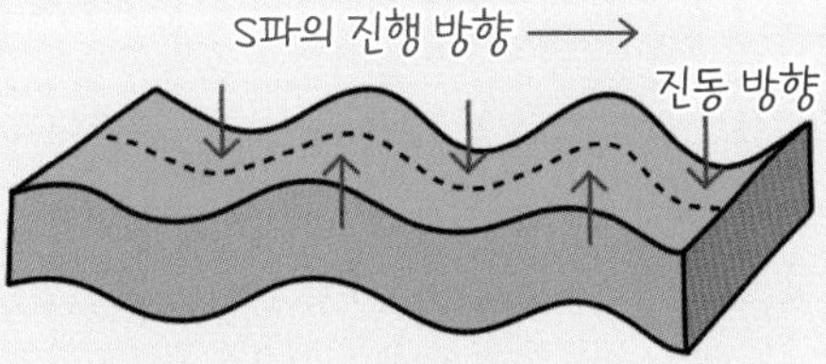

S파의 진행 방향
진동 방향

S파는 속도가 4km/s로 전파 속도가 비교적 느려. 그래서 지진이 발생하면 P파가 먼저 관측소에 도착한 후에 S파가 도착하지. S파는 지진파가 진행하는 방향과 지각이 수직이기 때문에 지진의 피해도 P파보다 훨씬 커. 또한, S파는 액체인 외핵은 통과하지 못하고 고체만 통과할 수 있어.

모래가 든 상자를 위아래로 흔들면 S파가 흔들리는 방향이야.
S파는 느리지만 강하구나.
모래가 엄청 많이 튀어.

저요! 저요!
풀어봐요

1 지구 내부의 모습에 대해 틀리게 설명한 카카오프렌즈는 누구일까요?

정답 스티커

지구의 내부는 지각-맨틀-외핵-내핵으로 구성되어 있어.
외핵은 녹은 초콜릿 같아.
내핵은 아주 단단해.
맨틀은 고정되어 있어.

2 진도 Ⅶ(7)의 세기에 대해 올바르게 설명한 카카오프렌즈는 누구일까요?

정답 스티커

집과 도로가 크게 파손되고 땅이 갈라져.
벽에 금이 가기 시작해.
컵에 담긴 물이 진동해.
지진계에 감지되지만 사람은 느낄 수 없어.

3 다음 용어의 뜻을 바르게 연결해 보세요.

1 진원 •

2 진앙 •

3 단층 •

• ㄱ 지진을 일으키는 에너지가 발생한 땅속의 지점을 말한다.

• ㄴ 지각이 외부의 힘으로 쪼개진 것이다.

• ㄷ 지진 에너지 바로 위의 지표면과 만나는 지점을 말한다.

 정답은 86쪽에 있어요.

④ 지진에 대해 올바르게 설명한 카카오프렌즈와 같은 표정을 찾아보세요.

지진과 화산이 자주 일어나는 지역을 살펴봐도 공통점은 없어.
판과 판이 만나는 지역은 지진과 화산이 자주 일어나.
지진이 일어났을 때는 엘리베이터를 타고 탈출해야 해.
S파는 비교적 전파 속도가 빨라.
1 2 3 4 5 6 7 8 9 10 11 12 13 14 15 16 17 18 19 20 21 22 23 24 25

5 다음 1~4에 해당하는 용어를 모두 찾아 ○표 해보세요.

1 지진의 진동을 자동으로 기록하는 기계

2 지진이 일어나면 땅 아래에 있는 물이 위로 솟아오르거나 한쪽으로 쏠리면서 땅이 늪처럼 액체 같은 상태로 변하는 현상

3 지진이 일어났을 때 사람들이 현장에서 느끼는 지진의 세기

4 매우 단단하고 여러 조각의 판으로 쪼개져서 지구의 표면을 덮고 있는 것

액	체	육	복
상	상	력	잡
화	지	진	계
장	각	도	기

저요! 저요! 맞춰봐요

궁금증을 해결했는지 한번 확인해 볼까?

정답

1  무지

2  프로도

3 1 — ㄱ, 2 — ㄷ, 3 — ㄴ

4 ⑧, ⑭, ⑯, ㉓

5
1 지진계
2 액상화
3 진도
4 지각

4구역

자연 재해

찌린 가스 감지 >>> 출동하세요!

#화산이 폭발하면 온천이 생기나요?

#비가 한 곳에만 집중적으로 내린다고요?

#여름에 하늘에서 얼음 덩어리가 내린다고요?

화산이 폭발하면 온천이 생기나요?

1구역
2구역
3구역
4구역
5구역
자연재해
초 4-2 화산과 지진
중1 지권의 변화
SOS
찌린 가스 감지
화산

여기가 몇 구역이야?
헤롱
정신없어.
헤롱
아이고, 피곤하다.
여기 온천이 있네. 피로를 풀고 가자.
OO 온천
온천 좋아요.
까아아~
목욕 해야지~
다다다다
엇?
온천의 효능과 *유래
표 주세요~

*유래 사물이나 일이 생겨남

화산이 폭발하면 온천이 생긴다고?
온천의 효능과 유래
온천욕을 하면 피부가 좋아진대.
빨리 해야지~
4구역에는 화산이 있나 봐. 화산 속의 마그마가 근처의 지하수를 데워 따뜻한 온천수를 만드는 거란다.
뜨끈~
뜨끈~
온천 주변에 찌린 가스가 숨어있는 거 아닐까?
폭풍전야
근데 왜 조용하지?
화산이 폭발하기 전에 도망가야겠다.
덜덜덜
첨벙
첨벙
라이언, 찌린 가스는 잡고 가야지.
앗! 찌린 가스!
후다다닥
SOS 찌린 가스 감지

4구역 | 자연재해
미션 요원
라이언
목표 찌린 가스
화산

쿠릉
무슨 소리 안 들려?
같이 가!
화산에서 뭐가 나와.
큰일이야. 화산이 폭발하려고 하나봐.
쿠르르르
쿠르르릉
쿠르르릉
꽈광
타핫

콰과과광
콰과과광
빨리 도망가자! 화산이 폭발했어!!
으아아아!
꼭 화내는 튜브 같아.
화산이 폭발하면서 뭐가 뿜어져 나온 거지?
사이다쌤이 화산이 폭발하면 화산재랑 용암이 나온다고 알려주셨잖아.
우다다다
빨리 와
여기까지 날아왔어!
괴롭히지 마!
뜨앗
화산이 폭발할 때 기체, 액체, 고체 물질이 *분출된단다.
착

★분출 액체나 기체 상태의 물질이 솟구쳐서 뿜어져 나옴

화산 가스는 화산이 폭발할 때 분출된 수증기와 이산화 탄소, 이산화 황 등이 모인 가스이고, 화산재는 아주 작은 용암과 암석의 알갱이 가루야.
거기 서!
슈웅~
지잉
지잉
한 마리는 놓쳤어.
우힝~
라이언, 용암이 된 찌린 가스도 잡아야 해!
용암?
용암이랑 마그마랑 다른 거야?
땅속에 있으면 마그마, 분화구에서 솟구쳐 땅 위로 올라오면 용암이라고 해.
용암
마그마
용암은 정말 뜨겁구나. 절대 가까이 가면 안 되겠어.
빨대G, 힘을 내!
뜨거워!
지..잉...
키키키키
뜨거운 맛 좀 봐라

찌린 가스가 너무 뜨거워서
빨대G가 점점 녹고 있어.
어떡해
끄악!
찌린 가스 획득
화산
완전히 고장난 거
아니야?
흐물
흐물
한번 검색해
봐야겠어.
빨대G 고치는 법
검색 결과
동영상 재생
알 수 없는
알고리즘~
오잉?
박사님 영상이
추천 영상에 있잖아?
그것을 알아보자
왜 화산의 생김새는 다른가
그것을 알아보자
왜 화산의 생김새는 다른가
나도 보고 싶어.
큰 화면으로
같이 보자.
나도 같이 볼래!

화산은 종류도 정말 다양하네.
신기해~
이제 다시는 온천에 안 갈래. 화산이 또 터지면 어떡해.
라이언, 걱정 마. 모든 화산이 다 터지는 건 아니야. 활동을 쉬고 있는 휴화산도 있다고 배웠잖아.
zzz
쿨쿨
털썩
화산은 분명 위험한 자연재해지만 우리 생활에 불편함만 주는 건 아니란다.
토닥 토닥
힝~
화산은 무섭고 두려운 존재인 걸요.
내가 화산의 좋은 점을 정리한 노트가 있었는데….
뒤적
뒤적
찾았다! 나잘나의 관찰 노트!
관찰노트
나잘나 지음
짜잔

지구가 처음 생겨났을 때 화산이 폭발할 때 뿜어낸 용암이 굳으면서 지금 밟고 있는 땅이 만들어졌고, 수증기와 각종 기체가 분출하면서 우리가 숨을 쉴 수 있게 해 주는 공기를 이루게 되었다.
우와~
박사님의 관찰 노트에는 없는 게 없네.
화산 지대의 흙에는 영양분이 많아 농작물이 잘 자란다.
마그마가 식으면 유용한 광물 자원이 된다.
내가 좋아하는 제주도도 화산 활동으로 특색 있는 관광지가 되었어.
화산은 무섭지만 후손들에게 도움을 많이 주는 존재야.
화산은 두 얼굴을 가지고 있네.
꼬옥

알게 된 개념

화산	**화산이 폭발할 때 분출되는 물질** ① 용암 : 마그마가 지표로 나와 흐르며 휘발성 성분이 빠져나간 것(액체) ② 화산재 : 화산이 폭발할 때 분출되는 알갱이(고체) ③ 화산 가스 : 화산이 폭발할 때 나오는 수증기, 이산화 탄소 등의 가스(기체)
화산의 이로운 점	① 용암이 굳으면서 땅이 단단해졌고, 수증기와 각종 기체가 분출하면서 공기를 이루게 되었다. ② 화산 지대의 흙은 영양분이 많아 농작물이 잘 자라게 해준다.

화산 폭발은 말이야

도시 전체를 멸망시키기도 했어

화산 폭발로 한순간에 사라져 멸망한 도시가 있어.
바로 이탈리아 나폴리 지방에 있는 폼페이라는 도시이지.

이탈리아
폼페이

도시가 한순간에 멸망하다니!

영향

서기 79년 베수비오 화산이 폭발하면서 엄청난 양의 화산 가스가 하늘을 뒤덮고, 뜨거운 화산재와 용암이 쏟아져 내리며 수많은 사람들이 목숨을 잃었어. 이때 폼페이의 기온은 무려 300°C였다고 해. 결국 폼페이라는 도시는 하루아침에 멸망하고 말았지. 현재 폼페이에 가면 미처 피하지 못하고 화산재에 뒤덮인 사람들의 모습이 그대로 화석으로 남아있어.

실험

실험을 통해서 화산이 폭발하는 과정을 알아보자.

1

화산 모형

식용 색소를 뿌린 마시멜로를 알루미늄 포일로 감싸 알코올 램프에 가열한다.

2

계속 가열하면 포일이 들썩거리기 시작한다.

3

화산 모형 윗 부분에서 연기가 피어오르기 시작한다.

4

액체 상태로 녹은 마시멜로가 흘러나온다.

알코올 램프는 조심히 다뤄야 해.
안전이 제일 중요한 것 알지?

마시멜로가 끓어오르면서 연기가 피어오르는 것은 실제 화산에서 분출되는 화산 가스와 같아. 그리고 흐르는 마시멜로는 용암, 흘러 나와 굳은 마시멜로는 암석 조각에 비유할 수 있지.

과학 단톡방
나잘나 박사, 라이언, 네오 (3)

나잘나 박사가 라이언과 네오를 초대했습니다.

너희들 우리나라에 있는 한라산과 백두산도 화산인 것 알고 있지?

한라산은 화산 활동을 하지 않는 휴화산이라고 배웠는데, 백두산도 휴화산인가요?

이걸 보렴.

백두산 ···

백두산은 예전에는 휴화산으로 분류되었지만 최근 지진이 계속 발생하면서 폭발의 징조가 발견되었고, 현재는 활화산으로 분류되고 있다.

백두산은 과거 946년경에 대규모의 화산 폭발이 있었던 것으로 추정되는데, 이때의 폭발력은 폼페이를 멸망시켰던 베수비오 화산의 100배 정도였다고 해.

백두산의 위력은 어마어마하구나.

박사님, 백두산이 정말 폭발하면 어떡해요. ㅠㅠ

일부 과학자들은 백두산이 100년 안에 폭발할 가능성이 높다고 예측하기도 한단다.

화산 폭발에 대비해 평소에도 관심을 가지고 대비책을 알아둬야겠어.

라이언, 나랑 같이 대비책을 찾아보자.

활화산으로 분류되는 백두산

1구역
2구역
3구역
4구역
5구역
자연재해
SOS 찌린 가스 감지
집중 호우
도시형 홍수

비가 한 곳에만 집중적으로 내린다고요?

초 5-2 날씨와 우리 생활 | 중2 기권과 날씨

쿵쿵
뚝딱 뚝딱
오예!
드디어 고쳤다!
타닥 타닥 타닥
튀김 튀기는 소리가 나는데?
나도 튀김 먹을래!
후다닥
타닥 타닥
웬 튀김? 비 오는 소리잖아.
쏴아아아
하늘에 구멍이 뚫렸나봐.
일기예보에서 집중 호우라는 구나.

집중 호우요?
좁은 지역에 짧은 시간 동안 많은 비가 집중적으로 내리는 현상을 말해.
쏴아아아
제이지는 산책 중

비가 엄청 많이 오네.
다 젖었어

비가 주사 맞은 것처럼 아플 정도로 내리는데?
찌린 가스 때문에 돌연변이 비가 내리는 거 아닐까?
SOS 찌린 가스 감지

4구역 | 자연재해
미션 요원
제이지
목표 찌린 가스
집중 호우

그게 아니고
이렇게 많은 양의 비가
짧은 시간동안 내리는 걸
집중 호우라고 한대.
집중 호우라서
그렇다고?
슥슥
그건 풍딱지가
알려줄…
엇?
풍딱지가
어디로 갔지?
뒤적
뒤적
아참!
저번에 박사님이 떨어뜨리셨길래
제가 주워서 가지고 있었어요.
툭
주욱
비에 다 젖었네.
할 수 없지. 영상으로 보여줄게.
에휴~
어디보자
풍딱지 말려야지

한 시간에 30mm 이상 또는 하루에 80mm 이상의 비가 내릴 때 집중 호우라고 한단다.
• 시간 당 *강우량에 따라 몸으로 느끼는 세기 •
강우량 10~20mm/h
세게 내리는 비
강우량 20~30mm/h
장대비
강우량 30~50mm/h
물통으로 퍼붓는 듯한 비
강우량 50~80mm/h
폭포수와 같이 내리는 비
강우량 80mm/h 이상
기상청은 한 지역에서 12시간 동안 예상 강수량이 80mm 이상일 경우 호우 주의보, 150mm 이상일 경우에는 호우 경보를 발표한대.
가슴이 답답하고 압박감을 느낄 정도의 비

*강우량 일정 기간 동안에 내린 비의 양으로 순수하게 비만 내린 것을 측정한 값

집중 호우는 비구름이 한곳에 오랫동안 머무르면서 발생해. 최근*지구 온난화로 지표면이 더 뜨거워지고 대기의 흐름이 불안정해지면서, 비구름이 많이 만들어지고 집중 호우도 자주 발생한단다.
끙끙
비구름아 빨리 지나가.

우르르릉 콰광!
또 비가 내리면서 천둥·번개를 동반하기도 하고, 태풍이나 장마 때도 나타나기 때문에 더 큰 피해를 입히기도 하지.
끼악!
엄마야!

*지구 온난화 온실 효과를 일으키는 온실가스가 대기 중에 너무 많아져서 지구의 온도가 점점 올라가는 현상

비가 거의 물 폭탄급인데? 양동이로 쏟아붓는 것 같아.
크크
쏴아아아
촤아아~
진짜 양동이로 붓고 있잖아!
앗!
찌린 가스 잡았다!
찌린 가스 획득
집중 호우
4구역 | 자연재해
미션 요원
무지
목표 찌린 가스
도시형 홍수
박사님, 잘못 착륙했어요. 여긴 강이에요.
그럴리가! 4구역에 제대로 착륙했어.
촤아아아
도시가 물에 잠겼어요.
홍수가 났군.
으악! 산사태야!
와르르르
띠용

집중 호우 때문에
홍수가 난 건가요?
나쁜 찌린 가스!
분수 같아!
푸슈슈우
크크
비가 많이 와서
하수가 역류해 맨홀
뚜껑이 열렸어.

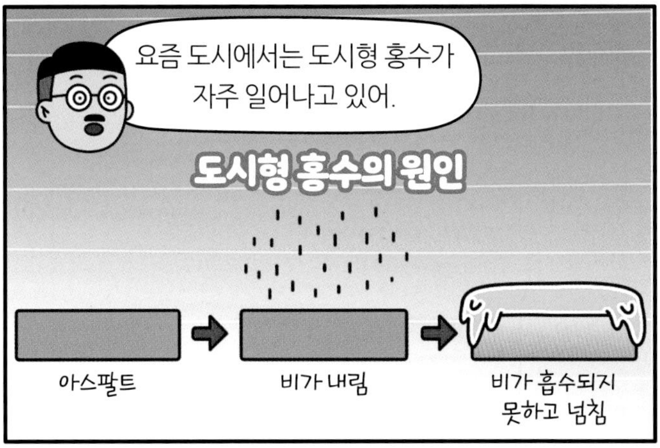
요즘 도시에서는 도시형 홍수가
자주 일어나고 있어.
도시형 홍수의 원인
아스팔트
비가 내림
비가 흡수되지
못하고 넘침

도시에서 아스팔트에 빗물이 흡수되지
못해 물이 빠져나가지 못하고 넘치는
현상을 도시형 홍수라고 말하는 거군요.
위험해
푸슈슈우

홍수를 예방하기 위해서는
땅이 빗물을 잘 흡수할 수 있도록
*녹지대를 형성해야 해.
많은 비가 내렸을 때 빗물이
빠져나갈 수 있도록 평소에 배수구
주변을 깨끗하게 관리하자.
열심
열심
쓱쓱
도망가자!
꽥

찌린 가스 획득
도시형 홍수

*녹지대 자연환경을 보전하거나 공해를 방지하기 위해 도시 안이나 그 주변에 일부러 조성한 녹지

집중 호우 예보가 있을 때 어떻게 해야 하지?
친구들이 알려줄 거야.
와르르르
쏴아아아
으악
산과 계곡에 있다면 비탈면 가까이에 가지 말고 빨리 안전한 곳으로 대피해.
탁
산사태 위험 지역에 있다면 안전한 곳으로 대피해야 해.
감전이나 가스 누출 등에 대비해 전기와 가스 등을 차단해.
후다닥
안전 지역
문과 창문을 닫고 외출을 자제해야 해.
철컥

알게 된 개념

집중 호우	비구름이 한곳에 오랫동안 머무르면서 짧은 시간에 많은 비가 집중적으로 내리는 현상으로 한 시간에 30mm 이상 또는 하루에 80mm 이상의 비가 내릴 때를 말한다.
도시형 홍수	도시화로 콘크리트나 아스팔트로 덮인 지역이 늘어나면서 물이 땅에 흡수되지 못해 넘치는 현상이다.
집중 호우일 때 주의할 점	① 감전이나 가스 누출 등에 대비해 전기와 가스를 차단한다. ② 실내에서는 문과 창문을 닫고 외출을 자제한다. ③ 산과 계곡에 있을 때 비탈면 가까이에 가지 않고 안전한 곳으로 대피한다. ④ 산사태 위험 지역은 피한다.

구름은 말이야 다양한 종류가 있어

상층운

권운(털구름)

줄무늬 또는 *명주실 모양의 구름으로 날씨가 흐려지기 시작할 때 나타난다.

권적운(털쌘구름, 비늘구름)

작은 덩어리의 흰구름이 양털처럼 보이는 구름이다. 여러 덩어리의 구름이 생선 비늘 또는 물결 모양으로 모여 있으며, 엷게 깔려있다.

중층운

고적운(높쌘구름)

작은 구름 덩어리가 규칙적으로 늘어서 양 떼처럼 뭉쳐 있는 구름이다. 대기가 불안정할 때 생기는 구름이다.

수직운

적란운(쌘비구름)

수직으로 발달한 구름으로 구름 덩어리가 산이나 탑 모양을 이룬다. 여름철에 잘 발달하는 구름이지만 겨울철에도 생성된다. 일반적으로 천둥, 번개, 돌풍을 일으키며 우박, 폭우, 폭설 등이 동반되는 경우도 많다.

적운(쌘구름)

맑은 봄철에 지평선 근처에서 자주 볼 수 있으며 뭉게 뭉게 떠 있어 뭉게구름이라고 부르기도 한다.

하층운

층운(층구름)

층 모양의 구름으로 비교적 낮은 하늘에 떠 있는 구름이다. 층운에서 가끔씩 안개비를 내려 안개구름이라고도 부른다. 비가 오고 있을 때 산간 지대나 맑은 날 아침 평야 지대에서 많이 나타난다.

*명주실 누에고치에서 뽑은 가늘고 고운 실

1구역
2구역
3구역
4구역
5구역
자연재해
여름에 하늘에서 얼음 덩어리가 내린다고요?
초 5-2 날씨와 우리 생활 | 중2 기권과 날씨
SOS 찌린 가스 감지 우박

이게 뭐지?
수북
차가워!
얼음이잖아?
슉
후두둑
하늘에서 얼음 덩어리가 내리고 있어.
지금 여름인데? 마법인가?
후두둑
이걸로 팥빙수 만들어 먹으면 되겠다!
오예!
네오, 아무거나 먹으면 안돼!
띠용

박사님! 하늘에서 얼음이 내려요!
다급
박사님이 안 계신데?
두리번
두리번
요리
박사님, 어디 계세요?
조리
얘들아, 이거 봐. 박사님의 편지야.
카카오프렌즈 보아라.
갑자기 내린 우박으로 근처 사과 농장에서 상처 입은 사과를 싸게 판다고 해. 너희들이 먹을 사과를 사러 과수원에 간다.
둥둥호를 잘 지키고 있으렴.
– 나잘나 박사 –
이게 우박!
우박으로 상처 입은 사과?
아까 그 얼음 덩어리가 우박인가 봐.
우리도 과수원으로 가보자.
좋았어!
다다다다
SOS 찌린 가스 감지

4구역 | 자연재해
미션 요원
네오
목표 찌린 가스
우박

박사님! 왜 사과가 다 상처가 나고 떨어졌어요?
갑자기 우박이 내려서 과수원이 피해를 입었어. 덕분에 싼 값에 사과를 사기는 했다만….
헐~
분명 우박 찌린 가스 짓일 거야.
우물 우물
겨울도 아닌데 어떻게 얼음 덩어리가 내리는 거예요?
우박은 날씨가 따뜻한 시기인 기온이 5℃~25℃ 사이의 5월~6월 초여름과 9월~10월 가을에 주로 발생한단다.
어휴~
우박에 대해 더 알고 싶다면 영상으로 확인하렴. 나는 떨어진 사과 정리를 도와줘야겠어.

빨리 공부하고
우리도 도와주러 가자.
좋아
오히려 추운 겨울에는 지표면 온도와
대기의 온도가 모두 낮고 건조해서
우박이 만들어지기 어렵구나.
우박에 맞았는데 사과에
상처가 생긴 거예요?
초강력
우박인가?
끙끙
큰 우박은 시속 40km
이상의 속도로 떨어져요.
이런 우박은 농가에 엄청난
피해를 입힌답니다.
걱정 마세요.
저희가 도와드릴게요.
고마워요.
카카오프렌즈.
흑흑
잠시 후
툭!
쨍그랑
갑자기 뭐지?

톡
아야. 왜 때려!
버럭!
나 아니야.
그럼 누가 때린 거야!!
두리번
두리번
나지롱~
크크
앗!
이걸로 일단
잡아 놓자!
찌린 가스!
우다다다
탁!
우박 우박!

찌린 가스!
농민들을 괴롭히지 마!
지잉
지잉
찌린 가스 획득
우박
찌린 가스를 잡아서 다행이에요. 또 우박 찌린 가스가 나타나면 어쩌죠?
걱정
우박은 보통 매우 좁은 구역에서 내리는 돌발적인 현상으로, 사전에 발생 지역을 예측하기는 매우 어렵답니다.
하지만 초여름과 가을에 돌풍·천둥·번개를 동반한 거센 비가 내리면서 발생할 확률이 높기 때문에 미리 대비를 해야 하고 대처해야 해요.
우박을 맞은 농작물은 상처로 인해 병충해가 발생할 수 있어. 그래서 비료를 뿌려서 2차 피해를 막아야 해.
만약 우박 예보가 있다면 미리 농작물을 수확하는 것도 하나의 방법이야.
미리 보호막을 설치해서 농작물 피해를 막자.
창문이 깨져 다칠 수도 있기 때문에 우박이 내릴 때 차 안에 있으면 위험해.

정리 다 했다.
오예
카카오프렌즈 덕분에 과수원이 다시 원래 모습을 찾았어요.
열심히 사과 정리를 도와드렸더니 배가 고프네.
꼬르륵

그럴 줄 알고 내가 팥빙수 신메뉴를 만들었어.
네오표 사과 팥빙수♥
헉!

으악!
우박 찌린 가스로 빙수를 만들어 먹다니!
후다닥
그게 아니고 얼음으로 만든 사과 팥빙수예요.
크크크
냠냠
냠냠

알게 된 개념

우박	눈 결정 주위의 차가운 물방울이 얼어붙어 얼음 덩어리가 지상으로 떨어지는 현상이다. 대부분 5월~6월의 초여름과 9월~10월의 가을, 기온이 5℃~25℃ 사이의 날에 주로 발생한다.
우박 대처 방법	① 우박 예보가 있다면 미리 농작물을 수확한다. ② 우박을 맞은 농작물은 비료를 뿌려서 병충해로 인한 2차 피해를 막는다. ③ 미리 보호막을 설치해 농작물을 보호한다. ④ 창문이 깨져 다칠 수 있기 때문에 차에서 내린다.

비, 눈, 우박은 말이야

모두 강수 현상 중 하나야

강수 현상

강수는 하늘에서 떨어진 물이 될 수 있는 모든 현상을 말해. 대기에서 일어나는 강수 현상은 비, 눈, *진눈깨비, 우박 등이 있지. 물이 각각 다른 강수 현상으로 변하는 대기 중 온도 때문이야. 물은 한곳에 머물러 있지 않고 다양한 형태로 순환하고 있다는 것 배웠지? 증발한 물은 대기 중에 모여 구름을 형성하고 구름에서 다시 물(수증기)이 모여 다양한 형태로 지표면으로 떨어져. 지구상의 물은 약 97%가 바다에 있고, 약 2%가 빙하에, 나머지는 호수, 토양, 강 등에 포함되어 있지.

종류

비

상태 액체

소개 지면 근처의 온도가 영상일 때, 물방울의 크기가 0.5mm 보다 큰 강수 현상을 일컫는다.

원리 지표면의 뜨거운 열기가 위로 상승하면서 구름이 형성되고 구름 속 물방울들이 모여 무거워지면 땅으로 떨어진다.

떨어진 비는 증발해서
다시 순환할 거야.

눈

상태 고체

소개 지면 근처의 온도가 영하인 경우, 구름 속의 물방울이 얼며 떨어져 눈 *결정체가 된다.

원리 온도가 낮아지면 구름을 이루고 있는 작은 물방울들이 얼음 알갱이가 되고, 무거워져 땅으로 떨어진다. 이때 지면 근처의 온도가 낮아 얼음 알갱이가 녹지 않고 눈 결정체 그대로 떨어진다.

우박

상태 고체

소개 구름 안에서 눈 결정이 떨어지는 동안 주변의 차가운 물방울들이 얼어붙어 땅으로 떨어지는 얼음 덩어리이다.

원리 눈처럼 섬세한 결정을 지니고 있는 얼음 알갱이가 내려오다가 녹아서 물방울이 되고, 다시 강력한 상승 기류를 타고 온도가 낮은 상공으로 올라가 얼게 된다. 이 과정을 반복하며 거대한 얼음 알갱이가 떨어지는 것을 우박이라고 한다.

***진눈깨비** 비와 눈이 섞여 내리는 현상

***결정체** 눈송이 한 개처럼 어떤 물질이 규칙적으로 형태를 이루는 물체

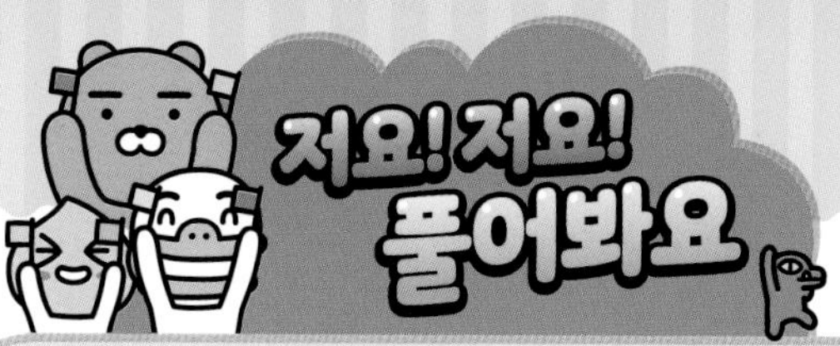
저요! 저요!
풀어봐요

1 화산에 대해 올바르게 설명한 카카오프렌즈는 누구일까요?

정답 스티커

화산이 폭발하면 화산 가스만 분출돼.
온천은 화산과 관련 없어.
화산 지대의 흙은 영양분이 아주 많다는데?
화산이 폭발해 땅 위로 솟구쳐 오르는 걸 마그마라고 해.

2 집중 호우가 일어났을 때 올바르지 않은 행동을 한 카카오프렌즈는 누구일까요?

정답 스티커

창문을 닫고 외출을 하지 않았어.
안전지대로 대피했어.
산사태 위험 지역에서 멀리 벗어났어.
집이 어두워서 전등을 모두 켰어.

3 다음 용어의 뜻을 바르게 연결해 보세요.

1 적란운 • • ㄱ 수직으로 발달된 구름으로 구름 덩어리가 산이나 탑 모양을 이룬다. 천둥, 번개, 돌풍을 일으킨다.

2 권운 • • ㄴ 줄무늬 또는 명주실 모양의 구름으로 날씨가 맑은 후 흐려지기 시작하는 시초에 나타난다.

3 고적운 • • ㄷ 작은 구름 덩어리가 규칙적으로 늘어서 양 떼처럼 뭉쳐 있는 구름이다.

 정답은 116쪽에 있어요.

4 시간당 강우량과 몸으로 느끼는 세기가 올바르게 연결된 순서대로 번호를 이어 보세요.

5 다음 1~4에 해당하는 용어를 모두 찾아 ○표 해보세요.

1 마그마가 지표로 나와 흐르면서 굳은 것

2 눈의 결정 주위에 차가운 물방울이 얼어붙어 땅으로 떨어져 내리는 얼음 덩어리

3 맑은 봄철에 지평선 근처에서 자주 볼 수 있으며 뭉게 뭉게 떠 있어 뭉게구름이라고 부르기도 하는 구름의 종류

4 화산 폭발로 한순간에 사라진 이탈리아 나폴리 지방에 있는 도시

폼	유	우	정
페	용	기	박
이	암	석	수
적	운	영	자

궁금증을 해결했는지 한번 확인해 볼까?

정답

1  제이지

2  네오

3 1 — ㄱ
2 — ㄴ
3 — ㄷ

4 1 → 4 → 5 → 8 → 9

5 1 용암
2 우박
3 적운
4 폼페이

5구역

감염병

찌린 가스 감지 >>> 출동하세요!

#곰팡이가 생긴 음식을 먹어도 되나요?

#식중독은 왜 걸리나요?

1구역
2구역
3구역
4구역
5구역
감염병
곰팡이가 생긴 음식을 먹어도 되나요?
초 5-1 다양한 생물과 우리 생활
중1 생물의 다양성
SOS
찌린 가스 감지
곰팡이

쿨쿨~
쿨쿨~
꾸물
꾸물
팡이 팡이~
나랑 친구하자.
캬캬캬
뽁
나는 어둡고 습기가 찬 곳에서 자라 포자로 번식하는 곰팡이!
너를 찌린 가스로 임명한다.
척!
옛썰!

다음 날
Good morning!
냠냠
배고프다~
빵이다!
맛있겠다!
빵에 멍이 들었잖아? 누가 때렸어!
곰팡이 핀 거네.
냠냠
곰팡이?
헉!
갑자기 곰팡이라…. 설마 곰팡이 찌린 가스는 아니겠지.
흠…
곰팡이는 버섯과 함께 균류에 속하고 실처럼 생긴 균사를 통해 영양분을 흡수해서 살아간단다. 포자라는 세포를 터트려 번식하는데, 포자는 우리 눈에 보이지 않지만 공기 중에 떠다니며 적절한 표면을 발견하면 달라붙어 번식하지.
현미경으로 본 곰팡이 핀 빵
포자

이럴수가
생각보다 곰팡이가 많이 피었는데?
윽!
찌린 가스 짓이 맞는 것 같아!
깜짝
SOS 찌린 가스 감지

5구역 | 감염병
미션 요원
어피치
목표 찌린 가스
곰팡이

그냥 곰팡이가 핀 부분만 떼고 먹으면 안 되나요?
배고픈데
안돼. 눈에 보이지 않는 곰팡이가 빵 전체에 퍼져 있을 수도 있단다. 곰팡이가 폈다면 음식을 버려야 해.
스탑!

분명 사이다쌤이 균류와 세균은 달라서 먹어도 괜찮다고 하셨어요.
따흑
후다닥
버섯
종류: 균류
균류와 세균은 아예 다르단다. 세균은 하나의 *세포로 되어있고, 눈에 보이지 않을 만큼 크기도 작아. 반면에 균류는 여러 개의 세포로 이루어져 있고, 세균보다 세포도 더 복잡하고 크단다.
세균 균류
버섯이 균류에 속하지만 균류와 세균은 다르구나.
균류는 거미줄처럼 가늘고 긴 모양의 *균사로 이루어져 있고, 포자로 번식하는 특징을 가지고 있어.
균사
포자

곰팡이가 일으키는 질병들
알레르기성 비염
기침
두통
아토피
*습진
피부병
*천식
두드러기
감기
눈병
기관지염
그렇지만 균류를 모두 먹어도 되는 건 아니야. 곰팡이는 우리가 먹는 음식을 상하게 하거나 알레르기 등 호흡기 문제로 우리 몸에 여러 가지 질병을 일으킬 수 있어.

***습진** 피부가 붉고 가려운 증상으로 각질, 진물 등이 나타나는 피부 질병

***천식** 숨이 가쁘고 기침, 가래, 가슴이 답답해지는 증상이 반복적으로 일어나는 질병

곰팡이가 핀 음식을 먹으면 아플 수 있어.
앗!
휙
이제 내가 나설 차례
풍딱지가 시도 때도 없이 나오네. 내 분량을 확보해야 하는데.
부들
모여봐
곰팡이로부터 건강을 지키는 방법을 알려줄게.
밖에서 돌아온 후에는 반드시 손을 깨끗이 씻어야 해.
흐르는 물에 30초
상한 음식은 절대 먹으면 안 돼.
No!
주변을 항상 청결하게 유지해야 해.
깨끗

쿠웅
5구역에 도착했어. 어서 곰팡이 찌린 가스를 잡으러 가자!
우와아아
GO! GO!
꼬르르륵
돋보기로 찾아야지~
다다다다
어디에 있지?
두리번
두리번
의자에 음식이 있어!
저기!
어디 어디? 나 배고파~
꼬르르륵
팡이! 팡이!
여기에도 곰팡이가 피었는데?
후다다닥

찌린 가스 너 때문에
배고픈데 아무것도 못 먹었잖아!!
지잉
지잉
찌린 가스 획득
곰팡이
저기에 가서
치즈로 피자를
만들어 먹자.
치즈 공장이다!
치즈
공장
좋아
까악
헤헤헤
우다다다
이게 다 치즈야?
진짜 많다!
우아!
내가 다 먹어야지~
야호!
후다닥

저기 곰팡이
찌린 가스?!
헉!
저는 착한
찌린 가스예요
덜덜덜

잠깐
곰팡이가 모두 나쁜 건 아니야.
치즈나 된장 등 발효식품을 만드는데
곰팡이를 이용하기도 한단다.

특히 푸른곰팡이는 대표적인 이로운 곰팡이로
최초의 *항생제인 페니실린(Penicillin)을 만들 수 있어.
푸른곰팡이를 발견한 결정적 순간 속으로
푸른곰팡이가 떨어진 주위에
다른 병원균이 전혀 자라지 못하잖아?
이 곰팡이를 연구하면 질병을
치료하는 백신을 만들 수 있겠어.
페니실린의 발견으로
세균성 감염을 예방할 수 있게
되어 인류의 수명은 엄청
늘어나게 되었군요.
플레밍
푸른곰팡이

*항생제 세균의 번식을 억제하거나 죽여서 세균 감염을 치료하는 데 사용되는 약물

며칠 후 늦은 밤
벌떡
목 말라.
팡이 팡이~
꾸물
꾸물
야, 너도 찌린 가스 할 수 있어. 이름이 뭐지?
키키키키
척!
크크크
난 살모넬라 넬라!
또헉!
크크크
유통 기한 2020. 03. 20 까지
우유

알게 된 개념

곰팡이	① 균류에 해당하고 어둡고 습기 찬 곳에서 자라며 실처럼 생긴 균사를 통해 생명을 유지한다. ② 포자라는 세포를 터트려 번식하는데 공기 중을 떠다니며 적절한 표면에 달라붙는다. ③ 곰팡이는 음식을 상하게 하거나 알레르기 등 질병을 일으킬 수 있어 평소에 예방하는 것이 중요하다.
곰팡이의 이로운 점	① 치즈나 된장 등 발효식품을 만드는데 이용할 수 있다. ② 푸른곰팡이는 최초의 항생제인 페니실린의 원료가 된다.

곰팡이는 말이야

스스로 살아갈 수 없어

겉모습

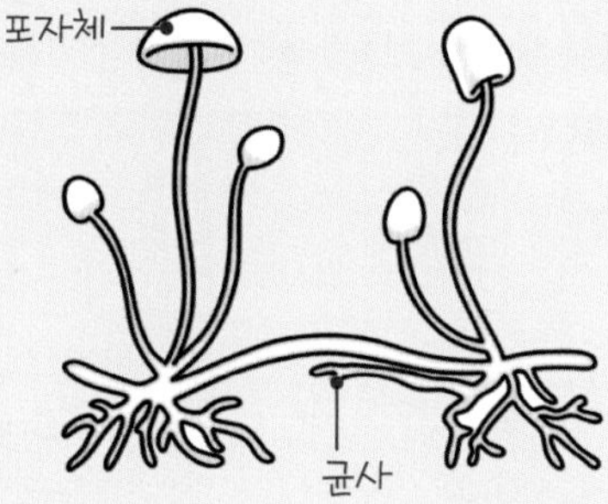

포자체
균사

나를 현미경으로 자세히 들여다보면 마치 실처럼 생긴 *균사를 볼 수 있어. 균사는 포자에서 자라 나와 나의 생명을 유지할 수 있게 하지.
또 엽록체를 가지고 있지 않아서 머리에 있는 포자체에서 포자를 터트려 번식해.
나는 녹색, 흰색, 노란색 등 다양한 색을 가지고 있는데, 종류가 같은 곰팡이끼리 색이 같기 때문에, 색깔은 날 분류하는 데 중요한 기준이 된단다.

친구

나와 같이 균류에 속하는 친구에는 버섯이 있어.
버섯도 나처럼 엽록체가 없기 때문에
광합성을 하지 못하고 영양분을 스스로 만들지 못해.
버섯도 일종의 곰팡이 덩어리로 볼 수 있단다.
그래서 보통 나무 밑동, 낙엽, 동물의 사체 등
죽어 가는 생물에 붙어 영양분을
얻어먹으며 자라지.

종류

푸른곰팡이
페니실린을
만드는 원료

누룩곰팡이
간장, 된장을
만드는데 사용

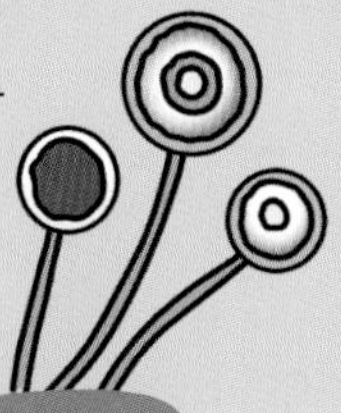

검은곰팡이
습한 벽면, 화장실에서 자람

풀어봐요! 퀴즈퀴즈!

버섯이 죽은 나무에 붙어서 사는 이유는 무엇일까?

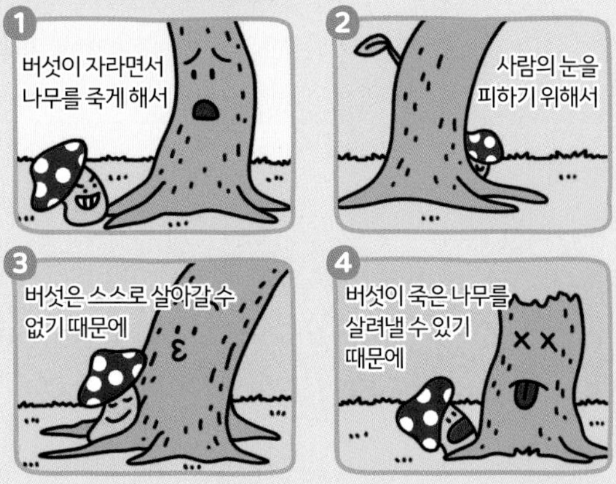

1
버섯이 자라면서
나무를 죽게 해서
2
사람의 눈을
피하기 위해서
3
버섯은 스스로 살아갈 수
없기 때문에
4
버섯이 죽은 나무를
살려낼 수 있기
때문에

정답은 3번!

***균사** 균류의 생명 활동을 맡아서 하는 영양체

과학 단톡방

나잘나 박사, 어피치, 콘 (3)

어피치가 콘과 나잘나 박사님을 초대했습니다.

플레밍이 푸른곰팡이에서 페니실린을 발견하지 못했다면 우린 아파도 치료받지 못했을 거야.

어떻게 푸른곰팡이를 발견한 거지?

플레밍은 아주 우연한 계기로 푸른곰팡이를 발견했단다.

 # 푸른곰팡이

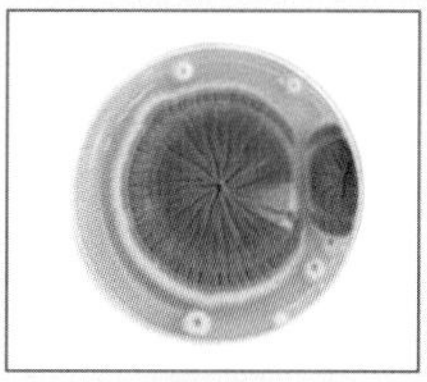

세균학자 플레밍은 병원에서 상처를 감염시키는 *포도상구균을 *배양하고 있었다. 그런데 어느 날 실수로 배양균이 푸른곰팡이에 오염되었고, 푸른곰팡이 주변의 포도상구균이 죽어 있는 것을 발견하였다.

푸른곰팡이에서 나오는 물질이 포도상구균을 없앤다는 사실을 발견하여 '페니실린'이라는 이름을 붙였다.

시간이 지난 후 영국의 과학자 하워드 플로리와 에른스트 카인이 페니실린을 배양하여 가루로 만들었고, 우리가 잘 아는 항생제가 탄생하게 되었어.

페니실린은 상처의 감염뿐만 아니라 다양한 질병에도 효과가 있었대.

우리가 당연하게 생각했던 약품에도 이런 비밀이 숨겨져 있었구나.

***포도상구균** 포도송이가 붙어 있는 모양처럼 생긴 세균으로 상처나 각종 감염에 침투해 염증을 일으키는 세균

***배양** 인공적인 환경을 만들어 세포와 미생물 따위를 기름

1구역
2구역
3구역
4구역
5구역
감염병
식중독은 왜 걸리나요?
초 5-1 다양한 생물과 우리 생활 | 중2 재해·재난과 안전
SOS 찌린 가스 감지 식중독

아이고, 배야!
배 아파라
박사님, 왜 그러세요?
다다다다
아이고!
배가 너무 아파.
데굴
데굴
걱정
배탈인가 봐.
박사님! 혹시 우유 드셨어요?
헉!

맞아. 어젯밤에 우유를 마시고 잤어.
끙끙
헉!
우유 유통기한이 엄청 지났어요!
유통 기한 2020. 03. 20 까지
우유
상한 우유를 마셔서 장염에 걸렸나 봐.
끙끙
얘들아, 내 말 좀… 들어… 줘. 내가 봤… 어.
SOS 찌린 가스 감지
5구역 | 감염병
미션 요원
콘
목표 찌린 가스
식중독
아무래도 장염에 걸린 것 같아요.
끙끙
증상이 어떻죠?
흐음

• 나잘나의 증상 •
머리가 아프고,
지끈 지끈
배가 아파요.
끙끙
어지럽고,
휘청 휘청
계속 설사를 하고,
뿌직 꾸루룩
토할 것 같아요.
웩
식중독인 것 같네요.
식중독?
식중독이 뭐야?
나도 몰라.
검색해봐야지.
식중독(食中毒)
검색 결과
음식 '식(食 : 먹을 식)'에 의해 생기는 질병으로 설사, 구토, 복통 등의 증상과 피부 발진이 나타나기도 한다.
장염이랑
뭐가 다른 거지?
식중독과 장염은 비슷하지만 식중독은
음식 때문에, 장염은 음식뿐만 아니라 신체적
문제에 의해서도 나타날 수 있답니다.
검색해서 배웠어
장에 염증이 생기면 장염이라고
하는데, 원인이 음식 때문이면
식중독이라고 하는 거래.
아하!

오늘은 병원에서
주사 맞으면서
푹 쉬는 게 좋겠어요.
너무 걱정하지마
카카오프렌즈, 안녕~

우리가 식중독에
대해서 찾아보자.

식중독은 세균에 의한
감염이 원인이구나.
살모넬라가
식중독의 원인이라고?

식중독 원인

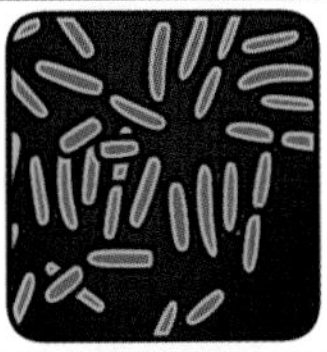

살모넬라

주로 닭, 오리 등 집에서 기르는 새 종류(*가금류)에서 감염되는 경우가 대부분인 세균으로, 가장 흔하게 나타나는 식중독의 원인이다.

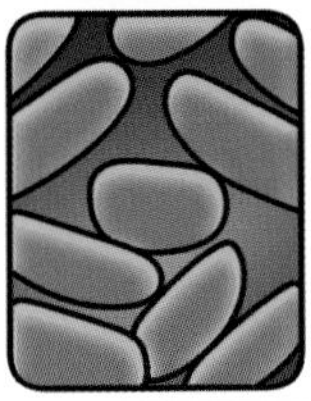

장염비브리오

6월~10월 사이에 급증하는 식중독의 원인균으로 오염된 *어패류를 손질한 칼, 도마 등의 기구에 의해 오염되어 식중독을 발생시킨다.

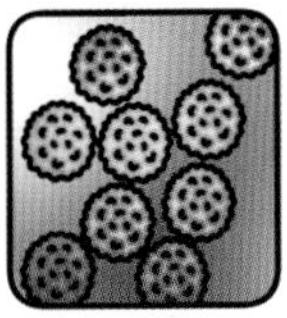

노로바이러스

계절에 상관없이 발생할 수 있고, 2차 발병률이 높다. 전염성이 매우 높기 때문에 예방을 위한 위생을 철저하게 해야 한다.

***가금류** 인간생활에 유용하도록 길들이고 품종 개량을 해 육성한 조류

***어패류** 식품으로서의 생선과 조개 종류를 이르는 말

식중독의 원인도 다양하구나.
제발 내 말 좀 들어봐
내가 어제 밤에 찌린 가스가 하는 대화를 엿들었어.
우유를 상하게 하는 범인은 살모넬라 찌린 가스야.
캬캬
뭐?
저기 봐! 찌린 가스가 여기 저기 침투하고 있어.
살모넬라 군단! 각자 위치로!
휙!
휙!
꺄하~
우르르르
꺄하하하
으악! 너무 많아!

찌린 가스가 너무 빨리 퍼져서 빨대G로 잡기에는 시간이 없어.
식중독에 걸리지 않게 예방하면 찌린 가스가 사라지지 않을까?
우리가 식중독 예방 포스터를 만들어서 많은 사람들이 볼 수 있게 붙이자.
좋아 좋아
손 씻기는 기본인 것 알지?
손 씻기
예방수칙 1
외출하고 돌아오면 반드시 비누로 물에 30초 이상 손을 씻어야 한다.
끓여 먹기
아직 다 못 그렸어~
열심
나도 볼래
예방수칙 2
수돗물은 100℃ 이상으로 끓여서 마셔야 안전하다.
예방수칙 3
모든 음식물은 익혀서 먹어야 하고, 더운 날 음식을 상온에서 보관하지 않는다.
음식 재료와 조리 기구도 깨끗이 닦아야 해.
익혀 먹기

식중독을 예방하자!
척!
다들 예방을 잘 해서 더 이상 숨을 곳이 없잖아?
히잉
이럴수가
찌린 가스가 빨대G 안으로 들어온다!
지잉
안되겠다
지잉
우리가 식중독 예방 캠페인을 벌였더니 찌린 가스들이 스스로 빨대G로 들어왔어!!
오예!
야호!
멋지다!
폴짝
폴짝
식중독
찌린 가스 획득

찌린 가스도 잡았으니,
이제 박사님께 가보자.
우리가 없어서 박사님도
심심하실 거야.
후훗
깨톡
박사님이 새로운 영상을
보내셨는데?
엇?
식중독 브이 로그
병원에 입원한 나잘나 박사!

식중독 브이 로그
식중독 대처 방법, 나잘나가 알려드립니다
몸속 수분이 많이 빠져 나가면서 탈수 증상이 일어날 수 있기 때문에 충분한 수분 섭취를 해야 해요.
꿀꺽 꿀꺽
★지사제 등의 설사약을 함부로 복용하지 말고 의사 선생님의 처방을 받아야 해요.
처방전
2차 감염을 막기 위해 손이 닿는 곳을 소독하는 게 좋아요.
배가 아프다고 무작정 굶으면 안 돼요. 소화에 무리가 가지 않는 음식을 먹어야 한답니다. 하지만 유제품, 기름진 음식, 차가운 음식 등은 피해야 해요.
죽이나 부드러운 밥!

★지사제 설사 증상을 치료하는 약

오잉?
우리가 없어도
박사님은 안 심심한가봐.
뭐야~
뭔가 서운해
그러게 말이야.
그래도 괜찮으신 것
같아서 다행이야.
앗!
띠리리리
띠리리리
지구에게
전화가 왔어!
오전 12:50
음성전화
지구

알게 된 개념

식중독	음식에 의해 생기는 질병으로 설사, 구토, 복통 등의 증상과 피부 발진이 나타나기도 한다. 식중독은 주로 세균에 의한 감염으로 일어나는데 살모넬라, 장염비브리오, 노로바이러스 세균 등이 원인이 된다.
식중독 예방 방법	**식중독 예방 방법** ① 손 씻기 ② 물은 끓여 먹기 ③ 음식은 익혀 먹기 **식중독 치료 방법** ① 충분한 수분 섭취 ② 병원에서 약을 처방받아 먹기 ③ 2차 감염 예방을 위해 주위 소독하기 ④ 부드러운 음식을 먹기

몸속 세균은 말이야

세포들과 서로 공생하고 있어

우리 몸속에는 100조 개가 넘는 *미생물이 살고 있어.
몸을 이루고 있는 세포 수는 약 60조 개라고 할 수 있는데, 그것 보다 훨씬 많은 수이지.
우리 몸속의 세포는 미생물과 공생하며 살아가고 있어.
대표적으로 우리 몸속에 어떤 미생물이 살고 있는지 소개해줄게.

세균의 영어 이름이 박테리아야.
깨끗이 씻어서 냄새를 일으키는 미생물을 없애야지.
뮤탄스균
입 속에 살면서 충치를 만들고 치아를 삭게 만든다.
프로피오니박테리아
피부의 털 구멍을 막고 여드름을 유발한다.
코리네박테리아
겨드랑이에 살면서 냄새를 일으킨다.
대장균
큰창자, 작은창자 속에 사는 세균. 몸에 해를 입히지 않고 공생 관계를 이루고 있다. 하지만 장 이외의 부위에서는 병을 일으킬 수 있다.
헬리코박터파일로리균
위 속에 살면서 위를 아프게 괴롭히는 균으로 위염, 위궤양 등을 유발하는 원인으로 작용한다. 현재까지 밝혀진 감염 경로는 가족 내 감염이다.
마이크로코쿠스균
발냄새를 만드는 세균으로 습기로 약해진 발의 각질층을 부식시키고 그 안에서 번식한다.

***미생물** 매우 작아서 눈으로 볼 수 없는 생물로 세균, 바이러스, 곰팡이 등이 속함

저요! 저요!
풀어봐요

1 식중독의 증상을 올바르게 이야기한 카카오프렌즈는 누구일까요?

정답 스티커

눈이 빨갛게 충혈됐어.
머리가 너무 아파.
먹어도 먹어도 배가 계속 고파.
잠을 많이 자도 계속 졸려.

2 곰팡이에 대해 틀리게 이야기한 카카오프렌즈는 누구일까요?

정답 스티커

곰팡이의 색은 모두 똑같아.
현미경으로 들여다보면 실처럼 생겼어.
엽록체를 가지고 있지 않아.
버섯과 함께 균류에 속해.
ON AIR

3 맞는 문장에는 ○, 틀린 문장에는 ✕를 써 보세요.

1 우리 몸속에는 셀 수 없이 많은 미생물이 살고 있다.

○ ✕

2 푸른곰팡이를 발견한 사람은 플레밍이다.

○ ✕

3 장염은 음식뿐만 아니라 개인의 신체적인 문제에 의해서도 나타날 수 있기 때문에 식중독보다 원인이 다양하다.

○ ✕

 정답은 140쪽에 있어요.

4 **균류에 대해 올바르게 설명한 카카오프렌즈와 같은 표정을 찾아보세요.**

5 다음 1~4에 해당하는 용어를 모두 찾아 ○표 해보세요.

1 가장 흔하게 나타나는 식중독의 원인으로 닭, 오리 등의 집에서 기르는 새 종류(가금류)의 동물에서 감염되는 경우가 대부분인 세균

2 인공적인 환경을 만들어 세포와 미생물 따위를 기름

3 몸속 수분이 많이 빠져 나가는 증상

4 세균의 번식을 억제하거나 죽여서 세균 감염을 치료하는 데 사용되는 약물

항	살	짝	배
생	모	기	양
제	넬	소	균
보	라	탈	수

저요! 저요! 맞춰봐요

궁금증을 해결했는지 한번 확인해 볼까?

정답

1  튜브

2  어피치

3 1 ○ 2 ○ 3 ○

4 4, 12, 19, 21

5 1 살모넬라
2 배양
3 탈수
4 항생제

박사님 괜찮으세요??
병문안 왔어요~
지구에게 전화가 왔어요.
괜찮아
빨리 받아보자.
타닥
오호!
꾹
지구야, 이제 괜찮아?
고마워. 카카오프렌즈. 아직 다 낫진 않았지만 며칠만 더 쉬면 될 것 같아.
찌린 가스도 없어
콜록 콜록
다행이야.
나도 괜찮아졌어.
퇴원 준비 완료!
이제 둥둥호로 돌아가자.

짜 짠!
우리가 이렇게
많은 찌린 가스를
잡았어!
꺄아♥
야호!
이제 마지막
찌릿 건전지를
끼워 넣자.

슈슈슉
팟
오잉?
조명을 켰는데도 어두워.
이상하네
우왕 좌왕
스으윽
안절 부절
와구 와구
쿵!
으악
어떡해!
와장창

우히히
도망가자!
캬캬캬
뜨억
안돼!

헉!
저게 뭐예요?
맙소사!
눈에 보이는 건 뭐든지 다 집어 삼키는 와구 블랙홀이야.
이제 지구로!
슈웅~

초대형 조명이 어두워서 다가오는 걸 미처 보지 못했나봐.
어떡해~

지구 쪽으로 가고 있어!
지구도 잡아 삼키는 거 아니야?
찌린 가스도 다 도망갔어!
으아아

빨리 지구한테 연락 해봐.
알았어!
깨톡
지구
지구야, 빨리 도망쳐.
와구 블랙홀이 가고 있어!
빨리 읽어!
ㅠㅠ
왜 확인을 안 하니….
흑흑
못 보겠어
자고 있나봐.
박사님, 어떡해요.
끄악!
지구를 구해야 돼요!
다다다다

나잘나표 발명품 3호를 보여줄 때가 되었군.
어질 어질
삑- 삑
삑-
촤아악
나와랏! 탱탱 그물!
저게 뭐예요? 언제 둥둥호에 설치해 놓으신 거예요?
움하하하
뭐든지 잡을 수 있는 끈끈이 탱탱 그물이야.
우아!
지구를 구하러 출동!
와구 블랙홀 거기 서!
잡아봐라 와구 와구
슈우우웅

좌악
아야! 아파!
꾸엑
뭐야?
뚫고 도망가는데요?
타앗
끄응~
아직 완성품이 아니라서 접착력이 좀 떨어지는군.
슈우웅
너무 빨라서 쫓아갈 수가 없어.
쫓아가는 건 무리야
우선 지구가 무사한지 빨리 돌아가보자.

지구에게
답장이 왔어.
까톡
지구
무슨 일이야?
난 자고 있었어.
일단 괜찮은 것 같아.
다행
지구는 잠꾸러기야.
걱정했네.
와구 블랙홀도 멀리
도망갔으니까 이제 지구는
아프지 않겠지?
다행이다
그런데 잡았던
찌린 가스를 모두
놓쳤는데 괜찮을까?
그 시각 찌린 가스
미세
미세
팡이
팡이
황사
황사
찌린가스 진화!
크크크
으갸갸
펑
펑

부우우웅~
무슨 소리 안 들려?
오잉?
다다다다다
크하하하
다다다다다다
헉!
무서워
저게 뭐야

카카오프렌즈는 찌린 가스를 잡아 지구를 구할 수 있을까요?

카카오 프렌즈와 나잘나 박사님의 이야기는 4권에서 계속됩니다.

캬캬캬

나는 몇 번 나왔을까?

나를 찾아봐

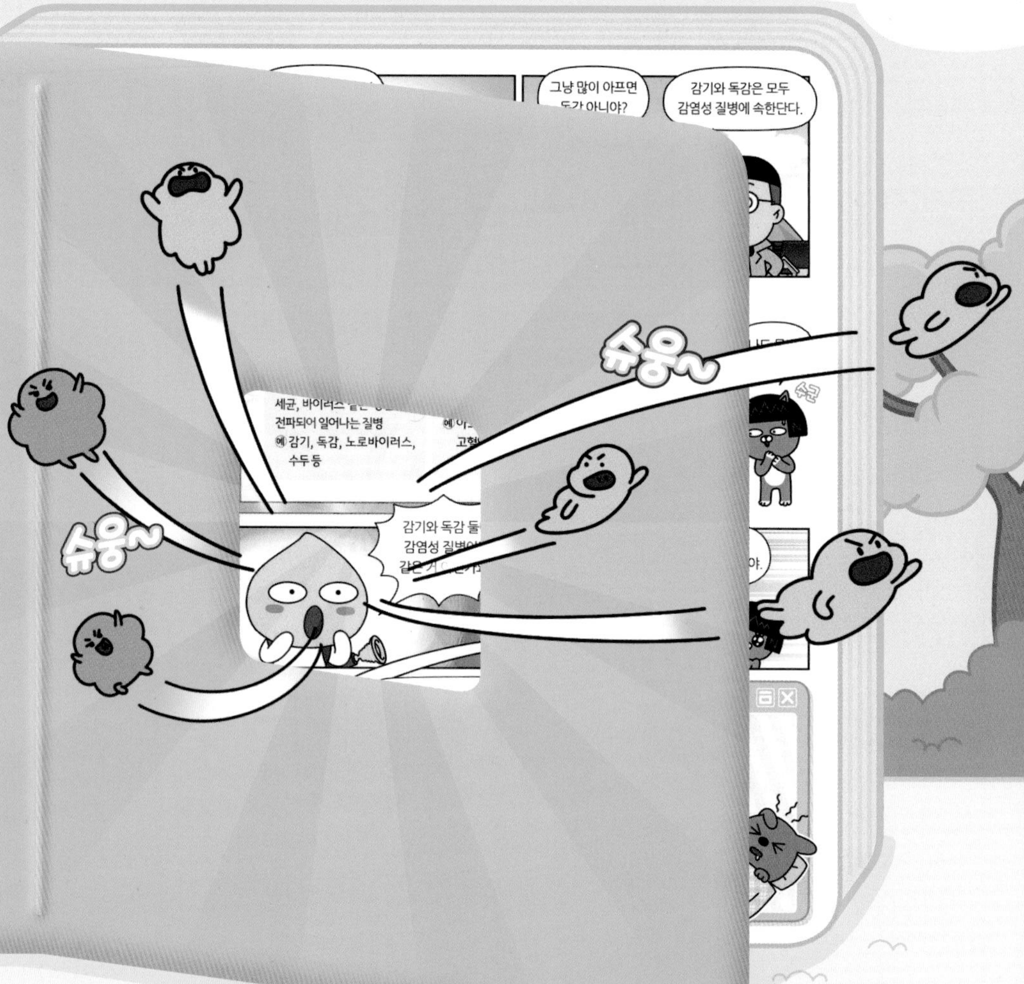

감기와 독감은 모두 감염성 질병에 속한단다.
전파되어 일어나는 질병
예 감기, 독감, 노로바이러스, 수두 등
슈웅~
슈웅~

나는 이렇게 찾아

주의
지진
주의
주의
지진대

주의

동그라미 친 부분에 있는 찌린 가스는 디자인이야. 본문 속 지구를 괴롭히는 나쁜 찌린 가스만 찾아야 해.

끝
이 아니겠지요?
3권 전체에 숨어 있는 찌린 가스의 개수는? 다음 권에서 밝혀집니다!

과학 교과서를 통째로 넣은
교과 연계 만화

구해줘 카카오프렌즈

초판 1쇄 인쇄 2020년 9월 4일
초판 1쇄 발행 2020년 9월 14일

글 | 장성규(장풍)
그림 | 도니패밀리
내용 검토 | 장풍 과학연구소 백시우, 유혜인, 정영아
스토리 | 강민희
감수 | 김지연(서울 초당초등학교)
디자인 | 김서하

발행인 | 손은진
개발 책임 | 장명익
개발 | 김보영, 심다혜, 이윤지, 민고은
제작 | 이성재, 장병미

발행처 | 메가스터디㈜
출판사 신고 번호 | 제 2015-000159호
주소 | 서울시 서초구 효령로 304(서초동) 국제전자센터 24층
대표전화 | 1661-5431
홈페이지 | http://www.megastudybooks.com

메가스터디BOOKS
'메가스터디북스'는 메가스터디㈜의 출판 전문 브랜드입니다.
유아/초등 학습서, 중고등 수능/내신 참고서는 물론,
지식, 교양, 인문 분야에서 다양한 도서를 출간하고 있습니다.

잘못된 책은 구입하신 곳에서 바꾸어 드립니다.

PLZ
LET'S WIN!
백신
GO!
YES!

PLZ
LET'S WIN!
LET'S GO!
백신
GO!
YES!
PEAC

저요! 저요! 스티커를 붙여봐요

저요! 저요! 풀어봐요 스티커를 떼어 정답 스티커란에 붙여 사용하세요.